Saber Administrar o Estresse
Na vida e no trabalho

Dr. Charly Cungi
Psiquiatra em Haut-Savoir, França,
especialista renomado em terapias comportamentais
e cognitivas para o tratamento do estresse e da depressão

Tradução
Bernardo Müler e Maria Ruzena

Prefácio e consultoria
Luiz Alberto Py
Psicanalista e psicoterapeuta

LAROUSSE
Cultura para todos

Título do original em francês:
Savoir gérer son stress

Gerente editorial **Soraia Luana Reis**
Editora **Camila Werner**
Assistente editorial **Adriana de Oliveira**
Tradução **Bernardo Müler** e **Maria Ruzena**
Edição e copidesque **Valentina Nunes**
Revisão **Agnaldo Oliveira** e **Katia Ornelas**
Capa **Megaart Design**
Projeto gráfico e editoração eletrônica **Terra Design Gráfico**
Produção gráfica **Cintia M. da Silva**

Dados Internacionais de Catalogação na Publicação (CIP)
(Câmara Brasileira do Livro, SP, Brasil)

Cungi, Charly
Saber administrar o estresse / Charly Cungi; tradução Bernardo Müler e Maria Ruzena; prefácio e consultoria Luiz Alberto Py. – São Paulo: Larousse do Brasil, 2004. – (Biblioteca da vida prática)

Título original: Savoir gérer son stress

1. Administração do estresse 2. Estresse (Psicologia)
I. Py, Luiz Alberto. II. Título. III. Série.

04-4404 CDD-155.9042

Índice para catálogo sistemático:
1. Estresse: Psicologia 155.90242

ISBN 85-7635-029-7

1ª. edição brasileira: 2004

Direitos de edição em língua portuguesa, para o Brasil, adquiridos por
Larousse do Brasil Participações Ltda.
Rua Afonso Brás 473, 16º andar – São Paulo/SP – CEP 04511-011
Tel. (11) 3044-1515 – Fax (11) 3044-3437
E-mail: info@larousse.com.br
Site: www.larousse.com.br

SUMÁRIO

PARTE III

COMO AGIR SOBRE O ESTRESSE: TEMPO E DIFICULDADES

PARTE IV

VIVER SEM ESTRESSE

PREFÁCIO

Luiz Alberto Py

O estresse faz parte da existência de todos os animais vivos: é a forma natural de reagir aos estímulos externos. E por que uma reação natural nos causa tanto mal? O desafio dos seres humanos, principalmente dos mais expostos às grandes quantidades de informação e à pressão do tempo, é saber administrar essa reação natural em seu benefício.

Este livro do renomado psiquiatra francês Charly Cungi desvenda o que é o estresse e como ele nos afeta. Com ele, aprendemos a agir conforme os fatos em vez de nos basearmos em impressões e interpretações pessoais, nem sempre corretas. Saber avaliar a realidade com objetividade ajuda-nos a diferenciar o "possível" do "provável" e assim evitar desperdício de tempo e desgaste emocial ao alimentar impulsos paranóicos e fobias.

Várias outras reflexões são encorajadas pela leitura deste texto, que revela diversas formas de cultivar a auto-estima e transformar nossas atitudes inadequadas e inúteis. Um capítulo inteiro, por exemplo, é dedicado a mostrar como podemos ser positivos em situações adversas e viver em harmonia com a realidade. Com um tom didático refinado, o autor apresenta seu método de forma cativante e nos explica como transformar o estresse num aliado em vez de inimigo. Diga-se de passagem, uma arte que deveria ser dominada por todos nós.

A multiplicidade de aspectos relacionados ao estresse apresentados por Charly Cungi torna este livro uma referência completa sobre o assunto. Ao desvendar o estresse e nos ensinar a lidar com ele tanto diante dos fatos quanto das nossas emoções e sentimentos, o autor nos indica o caminho para uma postura mais flexível, traçando um "mapa da mina" valioso para aperfeiçoarmos nossa capacidade de viver de forma mais saudável e, certamente, mais feliz.

Luiz Alberto Py é psicanalista e psicoterapeuta, diretor da Family Partners (consultoria de terapia familiar da Inglaterra), assessor de programas da Rede Globo, colunista do jornal *O Dia*, do Rio de Janeiro - RJ.

INTRODUÇÃO

O **estresse** faz parte da vida. Toda pessoa exposta a estímulos e informações reage de uma maneira particular: o estresse é justamente a reação não-específica que acomete quem é exposto a estressores – ou seja, a fatores e situações que desencadeiam uma reação de estresse –, e que se manifesta nos campos fisiológico (coração, pulmão, hormônios, transpiração etc.), psicológico e comportamental.

Resposta de adaptação é o nome dado a esse conjunto de reações, cujo objetivo é manter o equilíbrio vital diante dos acontecimentos com os quais nos deparamos.

Só que o estresse não é um fenômeno exclusivamente humano, ele atinge também os animais: um rato diante de um gato sempre vai reagir! O coração bate mais rápido, bombeia mais sangue e, conseqüentemente, há mais oxigênio e energia para os músculos. Essas reações aumentam a eficácia da fuga, possibilitando melhores chances de sobrevivência.

Se o rato conseguir se salvar, ele vai, pouco a pouco, acalmar seu corpo e recuperar sua energia com o repouso e a alimentação... Até o próximo gato! Portanto, o estresse, que corresponde à primeira reação do rato, destina-se, neste caso, a dar ao pequeno animal a chance de permanecer vivo. Se essa reação não existisse, o gato teria maiores chances de comer o rato.

A fase de recuperação também é necessária. Se o rato permanecer num considerável estado de estresse, o esgotamento vai instalar-se, o que é tão incompatível com a sobrevivência quanto a ausência de reação.

Esse breve exemplo nos permite perceber que a boa utilização do estresse consiste em reagir fisiológica, emocional e psicologicamente de modo adequado à ação e aprender a se recuperar para dispor de energia suficiente quando for preciso.

Equilibrar gastos e economias de energia é como administrar um orçamento: é preciso saber gastar o dinheiro da melhor maneira possível, visando a segurança e o prazer, sem pôr em risco as próprias economias! No final das contas, uma boa administração consistirá em aumentar a um só tempo as reservas e a capacidade de se gastar.

Saber administrar o estresse explica o que é o estresse, como funciona e como é possível extrair dele o máximo de vantagens e minimizar seus inconvenientes. Trata-se, portanto, de uma obra prática, embora nenhum conhecimento prévio seja necessário, ainda que muitos dos conceitos aqui apresentados tenham sido objeto de renomados estudos científicos.

Este livro se destina a todas as pessoas que buscam informações claras sobre o estresse e um método para administrá-lo, o que faz com que seja útil também como complemento para programas de treinamento individuais ou em grupo.

Estudantes e profissionais (médicos, psicólogos, enfermeiros, educadores, professores) certamente serão beneficiados pela utilidade prática desta obra, ainda mais porque o que não falta no exercício das profissões são situações estressantes.

Boa leitura e boa administração do estresse: afinal, a qualidade de vida depende disto!

Parte I

Como age o estresse

Capítulo 1

O QUE É ESTRESSE

Uma das melhores definições de estresse afirma que se trata de uma resposta não-específica do organismo às exigências que lhe são feitas, provocando, assim, duas reações:

1. Uma reação específica, ou seja, algo muito semelhante à reação provocada por um medicamento em função de seu princípio ativo, como faz, por exemplo, o analgésico que abranda a dor ou o antibiótico que combate a infecção.
2. Uma reação não-específica, ou seja, uma reação do organismo independentemente do efeito do agente ativo. Nesse caso, trata-se de uma resposta do organismo à presença de numerosos e diferentes estímulos.

O estresse é, portanto, a reação não-específica de um indivíduo submetido a estímulos externos chamados estressores – e que podem ser desagradáveis e dolorosos ou desejáveis e agradáveis. Por exemplo, o divórcio é quase sempre um evento doloroso, já o casamento é um evento geralmente agradável. Ambos são estressores importantes e podem provocar o mesmo tipo de excitação: emoção, palpitações, lágrimas etc.

PARA QUE SERVE O ESTRESSE

O estresse serve para restabelecer o equilíbrio interior alterado pelas diferentes exigências exteriores. Trata-se, na verdade, de uma síndrome conhecida por síndrome geral de adaptação, que se desenvolve em três fases:

Fase de alarme

Quando o organismo é exposto a um estímulo intenso, inicialmente reage com um choque: o coração bate mais rápido, o tônus muscular diminui, a pressão arterial cai. O indivíduo se sente paralisado. Num segundo momento, o corpo põe em ação mecanismos de defesa e se adapta ao trauma: a pressão arterial se eleva, os músculos se contraem, o indivíduo se torna mais apto a reagir.

Quando o estímulo é menos intenso, a reação do indivíduo é menor e se revela sobretudo com o aumento da precaução, maior capacidade de atenção e memorização, e melhor adaptação à situação.

Fase de resistência

Se o indivíduo permanecer por muito tempo submetido aos estressores, a segunda fase surgirá marcada por um estado de alerta caracterizado por uma tensão permanente. Trata-se do período ou fase de resistência.

Fase de esgotamento

Quando o organismo não tem mais como se adaptar, ele entra na fase de esgotamento, que se caracteriza por grande fadiga e mínima reação aos estressores.

MITO

"Para vencer na vida é necessário ficar estressado, caso contrário nos tornarmos indolentes e ineficazes."

Realidade: o estresse é útil desde que não seja invasivo. Saber como administrar as situações com calma é, na maioria das vezes, muito mais eficaz.

Uma doença pode, no entanto, surgir em cada uma das três fases conforme a intensidade dos estressores e a capacidade de adaptação do indivíduo. Por exemplo: a irritação (fase de alarme) pode provocar distúrbios digestivos e dores de cabeça. Se o estressor for mais intenso (como a notícia de uma morte, um acidente traumático de carro), a descompensação, ou seja, a falha dos mecanismos reguladores que controlam alterações causadoras de distúrbios funcionais, metabólicos ou psíquicos, pode resultar numa doença mais grave (diabetes, úlcera estomacal etc.).

De maneira geral, porém, os distúrbios surgem principalmente durante o período de resistência: hipertensão arterial, colesterol, ansiedade e doenças funcionais se tornam mais freqüentes à medida que a segunda fase se instala. A última fase, aquela do esgotamento, corresponde, no mínimo, a uma sensação de fadiga crônica da qual a pessoa acredita que não conseguirá sair. Com isso, a evolução do quadro para a depressão torna-se uma possibilidade real.

O estresse aciona todo o organismo: cérebro, músculos, tubo digestivo, coração e vasos, pele etc. Um conjunto constituído por algumas glândulas – hipófise, glândula supra-renal, assim como hipotálamo e sistema nervoso neurovegetativo – desempenha papel fundamental sob sua ação, o que explica as conseqüências do estresse sobre o organismo e as numerosas patologias que causa.

Originalmente, o estresse preparava a pessoa para um esforço breve e intenso: a fuga ou o combate. Assim, a energia gerada e disponibilizada para o indivíduo permitia-o sobreviver. Basta, para isso, pensar no exemplo de um rato perseguido por um gato: ele consome toda a energia criada pelo estresse, para salvar a vida.

Atualmente, esse consumo de energia em grande parte do tempo é inútil para o ser humano, mas continua existindo. Por exemplo: se um estudante se submeter a um exame oral, ele poderá apresentar taquicardia, tremedeira ou transpiração excessiva, além de contração muscular. Assim, ele irá consumir muito mais energia do que o necessário para a ação – que é conseguir organizar seus conhecimentos para responder às questões.

A ativação do estresse pode chegar, em certos casos, a um resultado contrário ao desejável. No exemplo acima, isso faria o estudante não conseguir organizar suas idéias e, conseqüentemente, não responder corretamente às perguntas.

Muitas vezes, esse consumo energético inútil atinge um estado crônico, contribuindo para algumas das conseqüências do estresse: distúrbios funcionais, depressão, distúrbios de ansiedade e doenças orgânicas. Em compensação, se bem adaptada às solicitações da vida, a resposta orgânica produzida pelo estresse permite ao indivíduo resolver melhor seus problemas, desenvolver capacidades como a atenção e a memória, assim como viver melhor, ser autoconfiante, sentir-se descansado.

Por outro lado, quando a resposta do organismo é muito intensa ou persistente, o equilíbrio é interrompido ou se mantém a um custo energético muito alto, incompatível com uma vida saudável. Ao se tornar crônico, o período de esgotamento será marcado por um estado depressivo mais grave, uma doença funcional ou orgânica.

A reação bem adaptada ao estresse corresponde a um consumo energético mínimo para uma eficácia máxima, enquanto a reação de estresse mal adaptada corresponde a um custo energético muito intenso e/ou persistente para determinada ação, pensamentos e sensações. Nesse caso, a energia é gasta em emotividade, o que é nocivo, como se verá adiante.

Portanto, é preciso estar consciente de que uma reação de estresse bem adaptada implica a melhor relação "custo/benefício" possível: consumo energético mais adequado à ação, aos pensamentos e sensações fundamentais.

MITO

"Com os problemas do dia-a-dia e o atribulado ritmo da vida atual, não é possível viver sem sofrer as conseqüências do estresse."

Realidade: O estresse depende não apenas das condições exteriores, mas também da capacidade que cada um tem em reagir e não deixar que os problemas se agravem.

Condições do estresse

A reação de estresse diante de fatores estressantes depende de duas condições principais:
- do contexto social ou familiar em que surgem;
- do próprio indivíduo.

Para resolver os problemas, é preciso compreendê-los melhor, por isso, esses dois fatores serão detalhados a seguir.

Estressores e contexto

Estressor é toda situação que, ao envolver um indivíduo, exige dele uma adaptação específica para enfrentá-la. Existem várias maneiras de se classificar os diversos estressores que atingem os indivíduos. Mas, primeiro, é preciso diferenciar estressores agudos de estressores crônicos e repetitivos, para, em seguida, se entender melhor os estressores segundo sua natureza e, também, seus aspectos concretos ou relacionais. A importância dos fatores familiares e de relacionamento também será analisada neste livro.

Os estressores agudos

Qualquer pessoa está sujeita a um acontecimento intenso, perigoso ou mesmo incontrolável, como um acidente ou uma agressão. Às vezes pode até mesmo parecer insignificante, como uma crítica mal recebida ou uma situação que cause vergonha, mas que, a longo prazo, deixa seqüelas, revelando-se um trauma para quem a viveu.

Em todo caso, a pessoa começa a responder com uma reação de alarme. Às vezes, o problema termina aí. Mas se o trauma for considerável, quase sempre daí se originará uma doença chamada estresse pós-traumático, que se caracteriza por um permanente estado de ansiedade, acompanhado por reações de sobressalto (taquicardia, transpiração, medo intenso etc.) a barulhos e outros estímulos.

À noite, e mesmo de dia, a pessoa é tomada pelas imagens ou recordações do episódio que deu origem ao trauma. Em pouco tempo, surge uma sensação de fadiga, de perda da motivação e de prazer, que avança para um estado depressivo. O estresse pós-traumático deve ser tratado logo após o episódio que o desencadeou. Geralmente, tratamentos continuados conseguem resultados bastante satisfatórios.

Mirela e João Carlos: lembranças traumáticas

Mirela sofreu um acidente de carro na rodovia: um caminhão estourou um pneu na sua frente e atravessou a pista. Ela se chocou violentamente contra o muro de segurança e um outro carro, que não conseguiu desviar a tempo, atingiu-a lateralmente. Por milagre, Mirela sofreu apenas algumas escoriações, mas o motorista e o passageiro do outro carro morreram no acidente. Desde então, Mirela revive as imagens do episódio e durante a noite acorda por causa de pesadelos horríveis. Ela apresenta várias manifestações funcionais: taquicardia, crise de transpiração e tremor, diarréias freqüentes. Um estado depressivo pouco a pouco se instala.

João Carlos tem 35 anos e sempre revive uma cena de sua infância, como se tivesse ocorrido ontem: ele era aluno da 5ª série do ensino fundamental e um de seus colegas roubara seu lanche. João Carlos se lembra perfeitamente do episódio, das emoções que experimentou na ocasião e da reação do inspetor, que riu muito dele. A vergonha que ele sentiu naquele momento ainda o faz sofrer, fato que deu origem a muitos de seus atuais problemas de suscetibilidade.

Os estressores crônicos

Um segundo tipo de estressores corresponde às situações repetitivas ou crônicas, como a sobrecarga profissional, o clima de competição ou o ambiente desagradável de trabalho. Nesse caso, a reação do indivíduo se torna permanente ou muito freqüente, conduzindo-o a um estado de esgotamento progressivo. O ritmo de vida (horários para acordar e dormir, mudanças freqüentes de fuso horário) contribuem para esse quadro.

Jaqueline: à beira de um ataque de nervos

Jaqueline é secretária num consultório médico há dez anos. Contratada inicialmente para atender apenas dois médicos, hoje ela é secretária de seis diferentes especialistas e atende dez vezes mais chamadas telefônicas. O contato com pacientes e médicos, o encaminhamento das correspondências e, para completar, a ineficiência de uma colega inexperiente recém-contratada culminaram com a sobrecarga de trabalho e estresse: Jaqueline sente-se cada vez mais cansada, não consegue recuperar a energia gasta e começa a ter insônia. Irrita-se facilmente, principalmente com sua família.

Natureza dos estressores

Também é possível classificar os estressores em função de sua natureza.

No nível profissional, a sobrecarga de trabalho causada por uma quantidade desproporcional de informações a lidar, de problemas a resolver ou de decisões a tomar é um dos estressores mais comuns. O espírito de competição e a necessidade de apresentar um bom desempenho também são fonte de tensão. Reestruturações, fusões, novas tecnologias e novos procedimentos de trabalho, tão comum em tempos de globalização e intensa competitividade, exigem dos profissionais uma rápida adaptação em tempo cada vez mais curto. Por outro lado, o desemprego e o aumento das jornadas de trabalho, as tarefas repetitivas e a falta de perspectiva são estressores igualmente significativos, sobretudo quando há descompasso entre a ambição pessoal e a realidade da própria função.

Vânia: cotidiano de insatisfação

Vânia trabalha no setor de informática de uma grande multinacional. Seu serviço é muito repetitivo, pouco estimulante e sujeito a períodos de ociosidade. Faz dois anos que Vânia deseja encontrar outro emprego, mas não ousa procurar. Além disso, há rumores de que a empresa passará por uma reestruturação significativa e ela teme perder o emprego, do qual, aliás, não gosta! Vânia se sente cansada, desmotivada, tem problemas de sono e crises de angústia. Também sofre de gastrite, azia e dor nas costas.

Muitas podem ser as fontes do estresse:

- falta de dinheiro, dívidas e compra de imóveis causam preocupação e podem ser responsáveis por estados de ansiedade crônica;

- problemas de moradia, insalubridade, barulho e outros incômodos crônicos são geralmente estressantes;
- problemas profissionais e familiares são uma fonte considerável de estresse. Desentendimentos, discussões, separações, clima de tensão, críticas negativas e até mesmo elogios, exigências externas e responsabilidades familiares ou profissionais também entram nesse quadro.

A lista certamente não se reduz a isso, e cada pessoa tem a sua própria relação de situações estressantes. Na prática, os métodos para reagir a essas situações visam o controle da emotividade, com a ajuda de instrumentos eficazes para se administrar:

- **situações concretas:** organização do próprio tempo, resolução de problemas e tomadas de decisão, mudanças freqüentes na empresa etc.;
- **situações relacionais:** competição, conflitos abertos ou velados etc.

Casal Almeida: somatizando problemas

O sr. e sra. **Almeida** estão construindo uma casa, cujas obras parecem não ter fim. Eles moram com os três filhos na casa dos pais do sr. Almeida, esperando o momento de mudar. O ambiente familiar é tenso. O casal está cheio de dívidas, as privações e os sacrifícios são intensos. Ambos fazem muitas contas e discutem cada vez mais. A sra. Almeida tem muitas preocupações, dorme mal, sofre de enxaqueca. Ela se sente cansada e vive criticando o marido. O sr. Almeida se sente sobrecarregado por causa das obras, mostra-se muito irritadiço e se queixa de dores nas costas.

Situações concretas e relacionais

Classificar os estressores segundo essas duas categorias é importante para se desenvolver competências para enfrentá-los melhor. O exemplo de Júlia (*ver p. 20*) irá mostrar como ela a um só tempo descobriu como agir e se organizar para administrar o estresse.

DICA

Se você relacionar o estresse apenas a fatores externos, não restará outra opção senão sofrer ou escapar dele. Mas a médio e longo prazo, o peso do estresse corre o risco de se tornar muito alto. É preferível, portanto, desenvolver competências pessoais para permanecer "calmo durante a tempestade" e, assim, conseguir reduzir os estressores externos.

JÚLIA: CADA COISA A SEU TEMPO

Júlia é telefonista e recepcionista numa empresa, onde enfrenta diariamente um duplo desafio: atender ao telefone e receber os clientes, fazendo-os aguardar até que possa lhes passar as informações solicitadas.
Júlia se organizou de modo a desenvolver alguns instrumentos e competências: ela procura se acalmar, põe em espera as ligações menos urgentes, anota sistematicamente todos os recados e tem sempre à mão blocos e documentos com as informações necessárias: tudo isto lhe permite enfrentar a situação sem estresse e ainda aprimorar outras habilidades.

Os estressores materiais e profissionais mais freqüentes são:

- quantidade de informações e de problemas a serem resolvidos rapidamente;
- descompasso entre o trabalho prescrito e o trabalho real, entre as tarefas e os meios disponíveis para sua realização;
- inadequação entre o cargo e expectativas ou competências pessoais;
- mudanças decorrentes de reestruturações e fusões de empresas;
- ameaça de desemprego;
- resoluções de problemas;
- tomada de decisões.

Os estressores materiais e pessoais mais freqüentes são:

- barulho;
- transporte;
- falta de dinheiro;
- condições de moradia: obras, vizinhança, preço de aluguel etc.

JÚLIA: ASSUMINDO O CONTROLE DA SITUAÇÃO

Uma cliente reclama com **Júlia**, de maneira agressiva, que por duas vezes seu pedido de informações foi interrompido pelas esperas telefônicas. Como Júlia já enfrentou a mesma situação outras vezes, aprendeu a reagir adequadamente: ela sabe que se responder no mesmo tom da cliente acabará por aumentar seu descontentamento, o que será bastante desagradável. Júlia, então, coloca em prática um método de administração do estresse que consiste em acalmar suas próprias emoções e escutar de maneira calma e atenta a queixa da cliente: "Quem você pensa que é? É a segunda vez que sou interrompida por causa do telefone", diz a cliente.

(*continua*)

ASSUMINDO O CONTROLE DA SITUAÇÃO *(continuação)*

"Concordo com a senhora, é uma situação muito desagradável. É natural que a senhora se sinta incomodada. Confesso que eu também me sentiria assim, mas infelizmente sou obrigada a lhe responder, afinal sou a telefonista da empresa. Eu sinto muito", diz Júlia. Com isso, a cliente reage minimizando o problema: "Não é nada. Você não é responsável por isso, eu compreendo". Júlia, assim, consegue restabelecer a calma. Saber administrar as situações de conflito faz com que o exercício da profissão se torne mais tranqüilo e também se corra menos riscos ligados ao estresse.

Os mais freqüentes estressores relacionais da vida profissional são:
- pressão hierárquica;
- conflitos com colegas de trabalho ou subordinados;
- críticas negativas e falta de motivação ou reconhecimento;
- dificuldades de comunicação.

Os mais freqüentes estressores relacionais ligados à vida pessoal são:
- conflitos familiares;
- problemas com vizinhos;
- conflitos com namorados ou cônjuges;
- problemas com sócios e dificuldades comerciais.

Permanecer calmo durante uma situação estressante permite utilizar melhor as próprias competências para reagir. Além disso, se essas competências forem desenvolvidas, é possível permanecer ainda mais calmo. Nesse momento, estabelece-se um círculo dinâmico entre competência e controle emocional, que otimiza os resultados.

O contexto social e familiar exerce papel fundamental na minimização ou, ao contrário, no agravamento do impacto dos estressores.

Contexto social e familiar

Apoio familiar, amizades fiéis, um bom ambiente de trabalho são fatores que permitem a qualquer um administrar com mais eficiência e menos impulsividade as situações estressantes. Poder falar dos próprios problemas, fazer parte de uma família acolhedora e contar com colegas de trabalho simpáticos e prestativos contribuem para se ter calma e adquirir competências para reagir, quando necessário.

Por outro lado, o isolamento – tanto da família quanto dos amigos – e um ambiente profissional ruim agravam a capacidade de reação aos estressores, diminuindo a proteção e acrescentando tensão. Qualquer pessoa, um estudante ou um representante comercial, por exemplo, que puder contar com o apoio da própria família tem melhores chances de sucesso.

Um bom relacionamento gera equilíbrio e êxito e diminui as nefastas conseqüências do estresse. Por isso, é desejável sempre "cultivar" boas relações – e não apenas por amor ao próximo!

Resistir às situações estressantes

Nem todo mundo reage da mesma maneira às situações estressantes. E mais: a reação depende das aptidões – naturais e adquiridas – de cada um.

A emotividade natural

Uma pessoa pode ser de natureza mais ou menos emotiva. Todas as enfermeiras e funcionários de uma maternidade, por exemplo, sabem que os recém-nascidos não têm comportamento e emoções idênticas. Alguns são calmos, outros são chorões, outros mais agitados.

Quanto maior a emotividade, mais significativa é a sensibilidade aos estressores. Isso não é, porém, uma fatalidade e sempre se pode compensá-la por meio da aprendizagem.

Bernardo: com as emoções sob controle

Bernardo sempre foi muito emotivo. Muito sensível, desde pequeno sempre reagiu a tudo. Na verdade, esse foi um traço de família, manifestado pelo seu pai, avô e todos os tios. A situação de Bernardo, porém, se agravou quando ele abriu uma microempresa: perdeu o sono, a alegria de viver e não conseguiu mais ter prazer em nada. Cada vez mais tenso, passou a se queixar de falta de ar, excesso de transpiração, dores nas articulações, embora nunca tivesse a iniciativa de deixar o trabalho, com medo de perder a empresa. Ao participar de um curso de administração do estresse, ao fim de oito meses ele conseguiu controlar suas reações emocionais para, logo em seguida, passar a organizar melhor o próprio trabalho, a resolução de problemas e a tomada de decisão. Exercícios para a resolução de conflitos interpessoais foi o tópico de conclusão do curso e o resultado não poderia ter sido melhor: Bernardo passou a se considerar "300% mais eficaz". Três anos depois do curso, as melhorias conquistadas continuam perceptíveis.

MITO

"O estresse é permanente, nasce conosco e nada pode mudar!"

Realidade: Ficar estressado é um estado emotivo e decorre de um estilo de pensamento e de comportamento. É possível, portanto, modificar emoções, pensamentos e comportamentos – desde que se deseje realmente mudar.

O estilo de vida

Existe um estilo de vida chamado "comportamento de tipo A", que exerce um importante papel no processo de estresse. Trata-se de um comportamento marcado pelo sentimento de urgência e irritabilidade, que é perigoso para a saúde: as pessoas submetidas a ele correm maiores riscos de sofrer de doenças cardiovasculares.

Esse tipo de comportamento foi descrito por M. Friedman e H. Rosenman, em 1959, e caracterizado como uma "luta contra o tempo e os outros" para manter o controle sobre as situações. Nesse caso, as pessoas com esse tipo de comportamento apresentam hiperatividade, tendência à agressividade ou à irritabilidade, à impaciência, além de tensão muscular permanente. Comerciantes, dirigentes de empresas e jornalistas são exemplos de profissionais com comportamento de tipo A, freqüentemente acometidos pelas doenças cardiovasculares.

Habilidades adquiridas

As habilidades adquiridas também desempenham papel fundamental no processo de estresse. Se uma pessoa se sente segura porque é competente em determinada tarefa, certamente ela se sentirá confortável em executá-la, afastando as eventuais manifestações de estresse. Por exemplo: um conferencista experiente que conhece bem o assunto e se sente bem diante do público está menos sujeito ao estresse que em geral acomete quem raramente fala para uma platéia. O conferencista bem-sucedido apresenta o que é conhecido por "boas expectativas de eficácia".

Pessoas bem capacitadas na vida profissional, assim como na vida pessoal (nos aspectos afetivo, emocional etc.), desenvolvem autoconfiança e auto-estima significativas: a vida, para elas, se torna mais fácil.

A aquisição de habilidades evita as conseqüências negativas do estresse e ainda aumenta o que os psiquiatras chamam de "sentido de coerência": a avaliação de coerência de uma pessoa em relação ao mundo e às suas próprias ações é variável. Quando o sentido de coerência é elevado, o sentimento de controle sobre os eventos é significativo e a saúde é melhor. Quando o sentido de coerência é baixo, há diminuição do sentimento de controle sobre os eventos e o estresse aumenta, assim como as doenças decorrentes dele.

Para conhecer o próprio grau de estresse e procurar reagir o quanto antes, é importante fazer os testes "Estou estressado?" e "Como funciona meu estresse" ao final deste capítulo (*ver p. 28*).

Conseqüências do estresse: vantagens, inconvenientes e riscos

Uma reação adaptada ao estresse serve para preparar o indivíduo para uma ação mais eficaz: desperta atenção, vigilância e energia, a fim de prepará-lo para refletir e reagir. Os problemas sobrevêm quando a reação é muito intensa ou muito persistente.

O estado de estresse pós-traumático é a complicação mais comum no caso de um estressor agudo, mas também surgem outros distúrbios menos acentuados, como insônia, estado permanente de tensão, diarréia. Às vezes ocorrem distúrbios orgânicos, como gastrite, úlcera estomacal e diabetes.

Quando o estado de estresse se torna crônico, não são raras a fadiga e a depressão, principalmente quando o indivíduo entra na fase de esgotamento. É nessa fase que se inicia o uso das chamadas substâncias "miraculosas" que, na verdade, são bastante prejudiciais: tabaco, álcool, café e tranqüilizantes. Com isso, a qualidade de vida cai, a alimentação se torna irregular, diminuem-se as horas de sono etc.

Os distúrbios funcionais (enxaqueca, sintomas digestivos, alergias, problemas de pele) são extremamente freqüentes. As doenças orgânicas – hipertensão arterial, colesterol, infarto do miocárdio, doenças do tubo digestivo (retolite hemorrágica, problemas gástricos), poliartrite e asma – encontram um terreno propício para se instalar. A descompensação de problemas endócrinos, como diabetes ou doenças da tireóide, torna-se mais comum.

Além de sintomas funcionais ou orgânicos, o estresse muitas vezes provoca irritabilidade, ansiedade, depressão e dificuldades de relacionamento na família ou no trabalho, gerando conflitos que agravam ainda mais o problema, num verdadeiro círculo vicioso: estresse produz estresse!

O crescente número de casos de estresse mostra como é comum a situação se agravar quando são empregados meios que prometem resolver o problema a curto prazo: um exemplo disso é o uso do tabaco. Se um cigarro acalma e auxilia a concentração, como dizem, nesse sentido ele parece benéfico. Mas não é o que acontecerá com o passar do tempo, uma vez que o fumante se tornará dependente do tabaco e será bem maior o risco de desenvolver câncer e doenças cardiovasculares, o que, no fim das contas, fará o estresse aumentar significativamente.

Um outro bom exemplo disso é a hiperatividade em situação de emergência. A curto prazo, o resultado dela é bom, mas a médio e longo prazo, a fadiga se instala e, em pessoas com comportamento de tipo A, o êxito social corre o risco de terminar numa clínica de repouso. Prevenir inconvenientes e riscos do estresse é fundamental, principalmente quando se sabe que ele vem se tornando um grave problema de saúde pública.

Custo e conseqüências do estresse

O estresse custa muito caro tanto do ponto de vista humano quanto econômico. As doenças que causa e os gastos de saúde direta ou indiretamente relacionados a ele são extremamente elevados. Um exemplo são os crescentes casos de distúrbios de ansiedade e de depressão, por um lado, e o elevado consumo de medicamentos ansiolíticos e antidepressivos, por outro.

As conseqüências patológicas, sobretudo as cardiovasculares, relacionadas ao estresse e ao modo de vida associado a ele (tabagismo, alimentação inadequada etc.), utilizam-se de recursos médicos e, às vezes, de hospitalização.

Trata-se, portanto, de um problema de saúde pública cada vez mais reconhecido, como mostram numerosos estudos e pesquisas publicados nos Estados Unidos, na Europa, no Brasil e em todo o mundo.

Nos Estados Unidos, por exemplo, segundo estudos do American Institute of Stress, o estresse custaria entre 150 e 200 milhões de dólares por ano, ou seja, aproximadamente 1 a 2% do PIB norte-americano. Os gastos dividem-se em custos de saúde, licenças (150 milhões de jornadas de trabalho perdidas) e perda de produtividade.

Na Europa, o relatório Research on Work Related Stress, da Agência Européia para a Segurança e Saúde do Trabalho, mostra que aproximadamente um em cada três trabalhadores é atingido pelos problemas do estresse, em grande parte como decorrência de mudanças e insegurança no emprego.

Casos de *mobbing* (quando um grupo de pessoas no trabalho isola um indivíduo, que se sente cada vez mais excluído e perseguido), de *bullying* (quando há intimidação e ameaças), de assédio físico e de assédio moral (quando uma pessoa é objeto de críticas negativas, injustificadas e desvalorizantes, geralmente explícitas e feitas por "assediadores" que sentem prazer em fazer isso) vêm sendo considerados significativos fatores de risco.

RESUMO

Como age o estresse

O estresse é um mecanismo fisiológico que tem por objetivo restabelecer o equilíbrio. As conseqüências prejudiciais surgem no momento em que esse mecanismo é sobrecarregado.
Na presença de estressores, o organismo reage em busca de adaptação, passando por três fases:

- fase de alarme, que prepara o organismo para a ação;
- fase de resistência, em que o organismo se contrai;
- fase de esgotamento, que se caracteriza pela fadiga.

A doença – quase sempre funcional, isto é, relacionada à disfunção dos órgãos (cefaléia, distúrbios digestivos, hipertensão arterial), mas também orgânica, ligada a lesões (úlcera gástrica, infarto do miocárdio) – pode surgir em cada uma das três fases, mas quase sempre se desenvolve durante a segunda e a terceira.
O estresse bem utilizado corresponde à melhor relação "custo/benefício", ou seja, ao consumo energético mínimo para ações e pensamentos eficazes e sensações fundamentais.

RESUMO

As condições do estresse

A reação de estresse diante dos estressores depende de dois fatores principais: do contexto familiar e social; e do próprio indivíduo.
Os estressores variam em função de seu caráter repetitivo, agudo ou crônico e de sua natureza. Para se prevenir contra eles, é importante classificá-los em duas categorias: estressores concretos e estressores relacionais.
O contexto familiar e social tem um papel fundamental sobre a habilidade dos indivíduos em reagir aos estressores. Quando o contexto é favorável, as pessoas são capazes de enfrentar situações difíceis com menos estresse. Se o contexto é desfavorável, a vulnerabilidade da pessoa aumenta.
A sensibilidade ao estresse varia de pessoa para pessoa: algumas são naturalmente mais emotivas e mais vulneráveis, mas isso não significa que sofrerão inevitavelmente das conseqüências do estresse. Treinamentos para administrar o estresse dão bons resultados.
Habilidades adquiridas aumentam o sentimento de controle sobre os eventos, melhorando a autoconfiança e a auto-estima e aumentando o "sentido de coerência". Todos esses fatores evitam o estresse e suas conseqüências patológicas.

Vantagens, inconvenientes e riscos do estresse

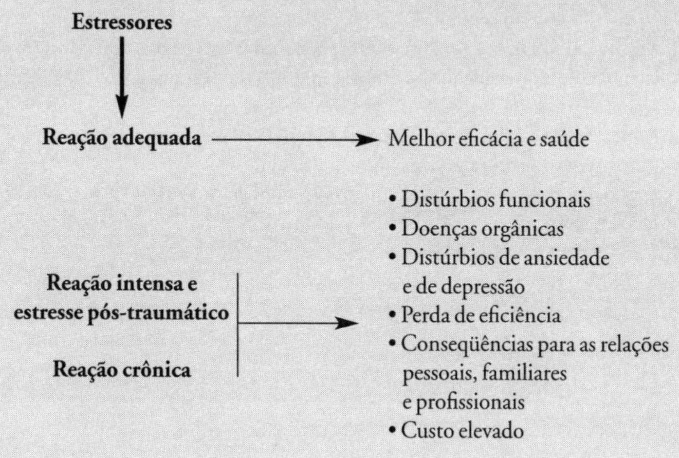

Estou estressado?

1. Quais são os principais estressores a que estou submetido? Eles são de que tipo? Faça uma lista e verifique a intensidade do impacto de cada um deles, numa escala de 0 a 10 (0 = nenhum impacto; 10 = impacto máximo).
2. Sou emotivo? Numa escala de 0 a 10, que nota posso dar para minha emotividade (0 = nenhuma emotividade; 10 = emotividade máxima)? Tenho um comportamento de tipo A (*ver p. 23*) marcado pelo sentimento de urgência permanente, pela tendência à irritabilidade e à necessidade de controlar as situações? Que nota, de 0 a 10, posso dar para meu comportamento de tipo A?
3. Sou uma pessoa bem-relacionada no plano familiar e social, ou sou meio hostil e isolado? Que nota, de 0 a 10, dou ao apoio de meus familiares e amigos?
4. De acordo com as questões anteriores, posso me considerar um candidato às complicações causadas pelo estresse?

Resultados
Se você somou mais de 20 pontos, é fundamental fazer uma reavaliação de sua situação de vida e buscar reagir a ela, uma vez que assim você apresenta tendência a ter um alto nível de estresse.

Como funciona meu estresse

1. Minha reação às situações estressantes é adequada? De que maneira? Tenho algum exemplo de reação adequada, que me ajudou a resolver um problema e que vale a pena citar?
2. Minha reação às situações estressantes é prejudicial para mim e para os outros? De que maneira? Tenho algum exemplo para citar?
3. Tenho dois tipos de reações, adequadas e prejudiciais? Em que situações eu as coloco em prática?

Capítulo 2

ANALISAR E AVALIAR O ESTRESSE

Cada um com sua vida, cada um com seu estresse! A vida familiar, profissional e social de cada indivíduo é um estressor permanente, que exige "*know-how*", ou seja, um jeito todo próprio para se alcançar o sucesso. Administrar o estresse é parte importante desse "*know-how*", sem o qual os riscos de fracasso, decepção, desilusão e doença são bastante consideráveis.

Todo indivíduo é submetido a estressores que certamente se assemelham, embora não sejam idênticos. É importante, portanto, que cada um faça um exame apurado de sua própria situação a fim de traçar sob medida um programa de administração do próprio estresse.

Se o estresse costuma durar muito, é porque talvez ele tenha se tornado permanente, por causa dos próprios esforços em tentar controlar a situação que o desencadeia. Trata-se de um círculo vicioso, cuja visualização e compreensão são indispensáveis para saber o que fazer e como fazer. Esse trabalho é chamado de Análise Funcional e tem por objetivo responder às seguintes questões:

- como funciona meu estresse?
- quais são meus pontos fracos?
- como tratar o problema?

Análise Funcional

É um método que consiste em recolher informações sobre um determinado problema para depois classificá-las e compreender seu funcionamento. O objetivo da Análise Funcional é definir com precisão o problema, os fins almejados e os meios de ação.

Tentar compreender o círculo vicioso em que cada um se insere, considerando causas e conseqüências do estresse, tem muitas vezes um efeito benéfico. Não existe, portanto, perda de tempo quando o assunto é a administração do estresse: nesse caso, fazer uma Análise Funcional significa ganhar tempo.

É fundamental questionar-se para identificar e entender os próprios problemas e as situações de risco, e conseguir resolvê-los. O teste "Aprendendo a se autoquestionar", ao final deste capítulo (*ver p. 48*), foi criado como um primeiro passo para a Análise Funcional.

ESCALAS DE AVALIAÇÃO DOS ESTRESSORES E DO ESTRESSE

Para completar as questões do teste "Aprendendo a se autoquestionar", duas escalas quantificam as respostas dadas, pontuando estressores e estresse.

A primeira escala, chamada de "Escala de avaliação dos estressores", encontra-se na p. 49: ela permite quantificar a importância das situações às quais o sujeito esteve ou está submetido. Já a segunda escala, a "Escala de avaliação do estresse" (*ver p. 50*), mede a reação geral de cada indivíduo aos estressores. Ao respondê-las e voltar a esta página é possível comparar os resultados encontrados com as quatro avaliações a seguir.

1. Pontuação elevada para estressores e estresse

É provável que o indivíduo se sinta tenso, tanto psicológica quanto fisicamente. Deve estar sempre em atitude defensiva e freqüentemente irritado.

Vantagens: Estar em permanente estado de alerta, pronto para a ação, faz com que a pessoa se defenda imediatamente e não adie decisões. Provavelmente, tem muitos projetos em curso e apresenta tendência a enfrentar tudo.

Inconvenientes: A médio prazo, problemas de sono e de fadiga serão freqüentes, acompanhados de dificuldade para reagir. A utilização de substâncias como tabaco, álcool, café e calmantes poderá aumentar. A redução do desempenho ocorrerá a longo prazo: o excesso de coisas a fazer irá acarretar problemas de qualidade e poderá criar problemas relacionais.

Riscos: Estado de esgotamento, problemas de saúde, com maior incidência de doenças cardiovasculares. Quanto mais elevada a pontuação na escala de estresse, maiores são os riscos.

2. Pontuação elevada para estressores e pontuação baixa para estresse

Este resultado é benéfico: é preferível manter a calma durante a adversidade e a tempestade, a menos que se esteja subestimando o próprio estado de estresse, o que é possível. Neste caso, os problemas são os mesmos verificados na situação "soma de estressores e de estresse elevados".

Vantagens: Melhoria do desempenho e estado de saúde preservado. Trata-se, muitas vezes, do objetivo de um programa eficaz de administração do estresse, sob a condição de não sobrecarregar os estressores.

3. Pontuação baixa para estressores e estresse

Outro caso benéfico, salvo se aparecerem estressores muito significativos. A falta de treinamento para enfrentar uma nova situação em geral termina numa crise emocional e falta de eficácia. Além disso, a carência de estressores e de estresse provoca uma "síndrome de passividade", caracterizada pela falta de motivação e de interesse. Trata-se de um estado muito bom para férias.

4. Pontuação baixa para estressores e pontuação elevada para estresse

Não há nenhuma vantagem para este caso. É importante tratar do próprio estresse a fim de adaptar as reações aos estímulos exteriores.

O Método dos Círculos Viciosos

Os resultados das duas escalas de avaliação (*ver p.49 e p.50*) fornecem uma boa idéia da "identidade" do estresse e dos estressores, mas não mostram as relações dos diferentes elementos entre si. O método seguinte, conhecido por Círculos Viciosos, evidenciará o modo como o problema se agrava.

Para praticar esse método, pode-se começar por descrever, por escrito, alguma situação que desencadeie reação de tensão, raiva, angústia, desencorajamento ou outra emoção desagradável.

A etapa seguinte é observar os pensamentos automáticos, ou seja, as idéias fixas que cada um repete para si mesmo, como um "discurso interior", quando se vê numa situação que a desencadeia. Essas idéias fixas, em linguagem científica, são conhecidas por cognições (conjunto de pensamentos), repetem-se da mesma maneira e são classificadas em três categorias: as que são

Método dos Círculos Viciosos

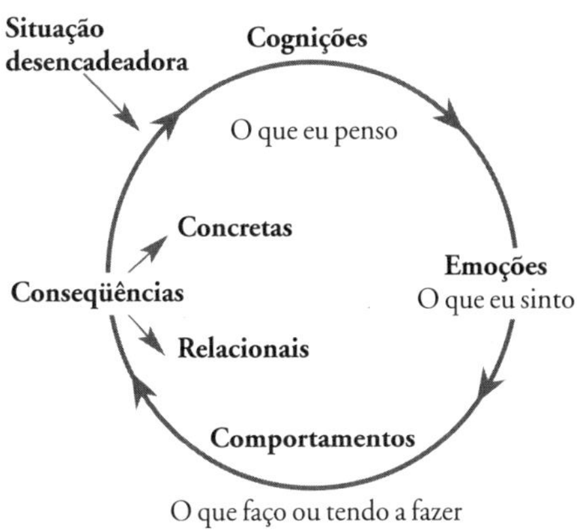

próprias do indivíduo, as que são relativas aos outros e ao entorno, as que são relativas ao futuro.

Ao se identificar a categoria dessas idéias, é possível descobrir o que vale a pena conservar e o que é preferível substituir. Com um pouco de exercício, pode-se rapidamente ter uma noção bastante precisa da própria maneira de pensar diante dos estressores.

Basta, para isso, considerar o seguinte exemplo: um amigo com o qual se marca um encontro atrasa meia hora. As idéias fixas ou pensamentos automáticos que daí surgem variam de "ele está sempre atrasado" a "tomara que ele não tenha sofrido um acidente". Essas cognições estão em estreita relação com o estado emocional subjacente. Assim, o pensamento "ele está sempre atrasado" se relaciona mais com a irritação e "tomara que ele não tenha sofrido um acidente", com a inquietação.

Ao se agir dessa maneira, vem à luz a relação cognições/emoções, que é o que cada um sente, como tristeza, raiva, prazer etc. Cada pensamento traduz uma emoção, a modificação do pensamento influi sobre essa emoção e vice-versa. Por outro lado, constata-se que os pensamentos e as emoções que ocorrem aos indivíduos são na maior parte do tempo numerosas e repetitivas.

SAIBA MAIS

A pessoa ansiosa costuma:

- falar para si mesma: "tomara que eu consiga fazer isso e seja bastante competente";
- ver os outros como uma ameaça;
- encarar o futuro como algo imprevisível.

Tentar modificar alguns pensamentos e emoções já provoca uma grande mudança no estilo de vida. Os métodos empregados para isso serão detalhados no Capítulo 3 deste livro (*ver p. 55*).

A visualização das idéias fixas (pensamentos automáticos) e das emoções correspondentes será completado pela observação dos comportamentos e pelas suas conseqüências concretas e relacionais. No exemplo anterior, ao esperar pelo amigo, ruminando cada vez mais sobre as razões de seu atraso, o tempo passa mais lentamente. Assim, corre-se o risco de se querer criticá-lo, às vezes até agressivamente, ou, ao menos, ter sérios ímpetos em destratá-lo.

Nessa situação, se num primeiro momento for possível se acalmar, ótimo, assim será possível refletir serenamente sobre o atraso antes de tomar uma decisão – como a de continuar a esperá-lo fazendo alguma coisa agradável.

MITO

"Observar a si próprio é perda de tempo. Melhor é usar esse tempo para trabalhar."

Realidade: Em caso de estresse, qualquer pessoa se sente muito pressionada e não se dá conta de que irritabilidade, ansiedade e precipitação causam perda de eficiência e de tempo. A Análise Funcional ajuda os indivíduos a decidir sobre esta ou aquela conduta, para ganhar tempo e eficácia.

Se esse tipo de círculo vicioso for freqüente no cotidiano de uma pessoa, é provável que ela se dirija até o incômodo e o estresse. Paga-se um preço muito caro por isso, já que parece impossível ter uma vida sem problemas. Existe um provérbio popular que diz que "é preferível gostar dos problemas e das pessoas, já que não se pode escapar deles!".

A Análise Funcional permite observar os fatos para depois ordená-los, a fim de se obter explicações sobre os problemas, a origem do estresse e, sobretudo, as possibilidades para sua administração no dia-a-dia. A primeira regra é observar tudo concretamente, antes mesmo de interpretá-los.

SAIBA MAIS

É mais fácil prestar atenção naquilo que nos espera, principalmente se nos causa medo. Nossas impressões muitas vezes não correspondem à realidade. Por isso, para ter sucesso na administração do estresse, é melhor observar melhor os fatos do que se deixar levar por impressões e interpretações.

A partir de várias situações desencadeadoras de estresse, que podem ser resumidas sob a forma de Círculos Viciosos, é possível colocar em prática a Análise Funcional, a fim de se buscar origem dos problemas. Daí, é só intervir para se obter um bom resultado em relação:

- à própria emotividade;
- às cognições;
- aos comportamentos;
- ao contexto;
- a cada um desses diferentes pontos, simultânea ou sucessivamente.

Uma imagem vale mais do que mil palavras e um exemplo é melhor do que uma longa explicação: é por isso que o caso de João Marcos, descrito a seguir, esclarece como a Análise Funcional funciona e é tão útil.

A Análise Funcional de João Marcos

João Marcos começa por se fazer questões bastante significativas:

1. **Como minha vida se organiza? Quais são os principais estressores aos quais eu me submeto, os mais difíceis de tolerar ou os que exigem mais esforço?**
   Trabalho muito e tenho de apresentar resultados. Mantenho os olhos fixos nos resultado das vendas. A concorrência é grande e tenho muita dificuldade para tolerar as reações de meus colegas, que invejam meu sucesso ou me criticam pelo menor erro. Enfrento problemas financeiros decorrentes de um empréstimo para comprar minha casa própria.
2. **Quais são minhas principais reações emocionais?**
   Irritabilidade, raiva, ansiedade, desencorajamento e impressão de estar sob pressão.
3. **Quais são minhas principais manifestações funcionais?**
   Perda do sono, tensões musculares, dores nas costas, queimação, palpitações, transpiração, aperto no peito e falta de ar.
4. **Tenho problemas orgânicos?**
   Gastrite.
5. **No âmbito comportamental, tenho hábitos considerados tóxicos?**
   Fumo, bebo muito café, pelo menos seis xícaras por dia. Tenho tendência a emagrecer.
6. **Quais são as conseqüências concretas sobre meu comportamento? Obtenho o que desejo?**
   Tenho resultados muito bons em vendas, mas meu futuro é uma incógnita. Para completar, meu trabalho restringe minha vida familiar: quase não vejo meus filhos e minha esposa reclama da minha ausência. A partir do meio-dia de cada domingo, já começo a pensar na segunda-feira. Tenho dificuldades em participar da vida familiar.
7. **Tenho apoio da minha família, de meus amigos, colegas de trabalho ou, ao contrário, tenho dificuldade em tolerar problemas adicionais desse nível?**
   Minha esposa está começando a se cansar e sempre discutimos, perdura o mau humor. Voltar para casa não é algo relaxante, enfrento muitas críticas. No trabalho, não tenho amigos de verdade. Ao contrário, estou sempre desconfiado. Enfim, as pessoas com quem me dou melhor são meus próprios clientes.
8. **Quais foram os principais traumas da minha vida?**
   A morte de meu pai, há quatro anos. E uma demissão, há dois anos.
9. **Sou emotivo, explosivo ou ansioso por natureza?**
   Não sou calmo. Mas até agora isto nunca me prejudicou.

ESCALAS DE AVALIAÇÃO

As escalas de avaliação de estressores e de estresse, segundo as respostas de João Marcos (*ver p. 34*), revelam os seguintes resultados:

Escala de avaliação dos estressores (segundo João Marcos)

	Insignificante	Fraco	Pouco	Razoável	Muito	Extremo
Nota	1	2	3	4	5	6
1. Em minha vida passei por situações traumáticas (morte, perda de emprego, decepção amorosa etc.)?				X		
2. Estou pronto para viver uma situação traumática (morte, perda de emprego, decepção amorosa etc.)?	X					
3. Sofro de uma sobrecarga de trabalho freqüente ou permanente? E/ou existe um ambiente muito competitivo em meu emprego?					X	
4. Meu trabalho não é adequado, não corresponde ao que eu gostaria de fazer ou é fonte de insatisfação, me dá a impressão de perda de tempo? No geral, ele me deprime?		X				
5. Tenho preocupações familiares (casal, crianças, pais etc.)? Minha família é mais um peso do que um conforto?			X			
6. Tenho dívidas ou um salário muito baixo em relação a meu modo de vida? Isso me causa preocupação?				X		
7. Tenho muitas atividades extra profissionais que são fontes de fadiga ou tensões (associações, esportes etc.)?	X					
8. Tenho alguma doença? Fixe a gravidade ou a importância do incômodo ocasionado por isso.			X			
Total por coluna (número de casos marcados X nota)	2	2	6	8	5	
Total geral			23			

Escala de avaliação do estresse (segundo João Marcos)

	Insignificante	Fraco	Pouco	Razoável	Muito	Extremo
Nota	1	2	3	4	5	6
1. Sou emotivo, sensível às observações e às críticas dos outros?				X		
2. Sou raivoso ou facilmente irritável?				X		
3. Sou perfeccionista? Tenho tendência a não me contentar com o que faço ou com o que os outros fazem?			X			
4. Tenho taquicardia, transpiração elevada e tremores, por exemplo, no rosto e das pálpebras?				X		
5. Sinto-me tenso, tenho tensão muscular, contração do queixo, do rosto e do corpo em geral?				X		
6. Tenho problemas para dormir?					X	
7. Sou ansioso?				X		
8. Tenho distúrbios digestivos, dores, dores de cabeça, alergias, eczema?					X	
9. Estou cansado?					X	
10. Tenho problemas de saúde mais graves como úlcera estomacal, doença de pele, taxa elevada de colesterol, hipertensão arterial, distúrbio cardiovascular?				X		
11. Fumo ou bebo álcool para me estimular ou acalmar? Utilizo outros produtos ou medicamentos?				X		
Total por coluna (número de casos marcados X nota)			3	28	15	
Total geral			46			

A pontuação das duas escalas (23 para os estressores e 46 para o estresse) mostra que João Marcos se encontra numa situação marcada por estressores relativamente significativos mas por estresse elevado. A reação emocional e comportamental dele está em desacordo com as situações vividas.

CÍRCULOS VICIOSOS

Num primeiro momento, João Marcos (*ver p. 35 e 36*) analisou cinco situações, segundo o método dos Círculos Viciosos.

A primeira situação é de ordem profissional e mostra a maneira como o estresse é construído, por meio da interação entre pensamentos, emoções e comportamentos. Cada vez que surgem problemas com as vendas, aliás, algo bastante freqüente numa atividade comercial, João Marcos "mergulha" no estresse.

Primeira situação

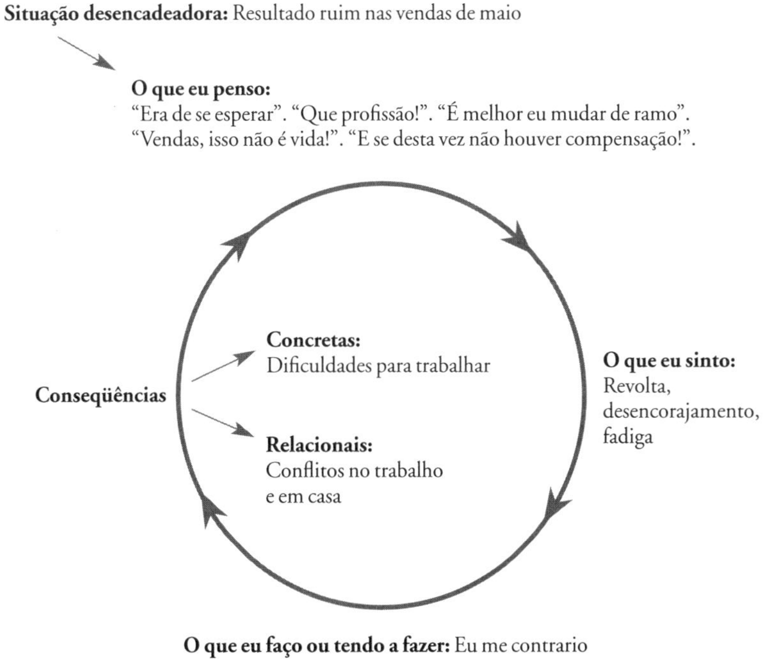

A segunda situação também é de ordem profissional. Trata-se de um conflito de trabalho. Os pensamentos automáticos causam tensão e cansaço. Ainda que isso de vez em quando seja eficaz, o preço é alto, já que o estresse gerado desencadeia uma reação agressiva.

Segunda situação

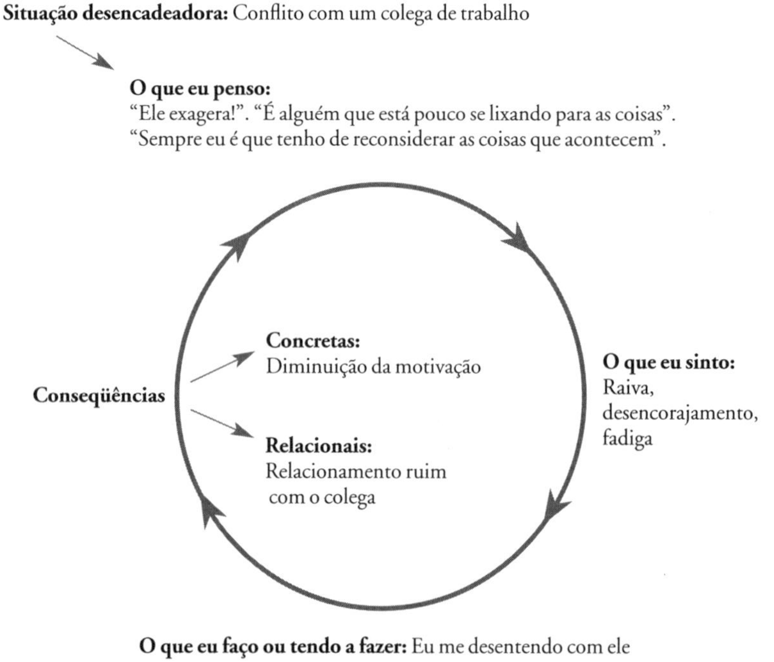

A terceira situação é familiar. Conflitos e mal-entendidos com a esposa agravam o estresse de João Marcos, que, por sua vez, detesta a vida familiar. Momentos que deveriam ser agradáveis e relaxantes se tornam insuportáveis e desagradáveis para ele, para esposa e os filhos. O fato de se sentir pouco à vontade com a família influencia em seu trabalho.

Terceira situação

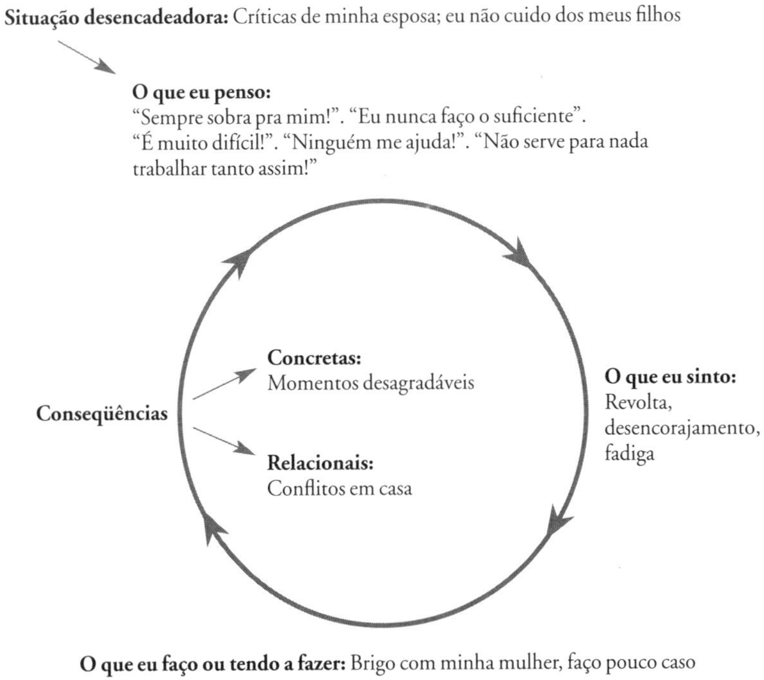

A quarta situação corresponde aos trajetos de carro. De maneira geral, João Marcos se queixa muito da distância, ainda mais quando sente dores nas costas. A idéia de entrar no carro já o deixa irritado, o que agrava o problema em vez de acalmá-lo. Quanto mais nervoso fica, mais dores ele sente, mais longos parecem os trajetos e mais ainda ele se irrita. Às vezes, ele acaba discutindo com outros motoristas.

Quarta situação

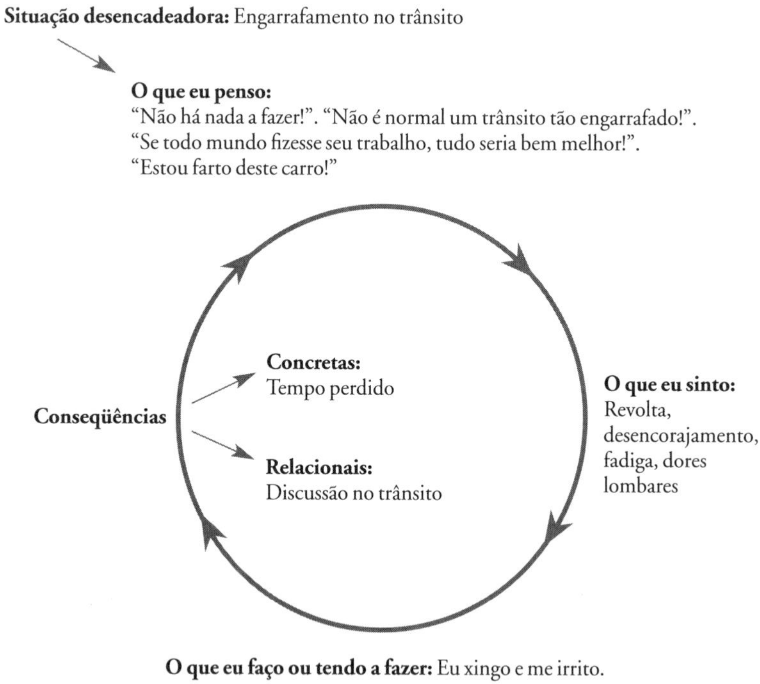

A quinta situação é profissional. Trata-se de uma entrevista comercial. João Marcos está prestes a fazer uma venda, é o seu trabalho, mas a concorrência é acirrada.

Geralmente, ele consegue bons resultados, mas nesse momento ele pressente o fracasso. Sente-se angustiado, surgem dores no estômago e nas costas. Para lutar contra a dor, tenta se motivar, mas isso agrava as tensões e dificulta tudo. Aos problemas inerentes às vendas disputadas, somam-se o estresse e o desencorajamento para enfrentar o dia-a-dia.

Quinta situação

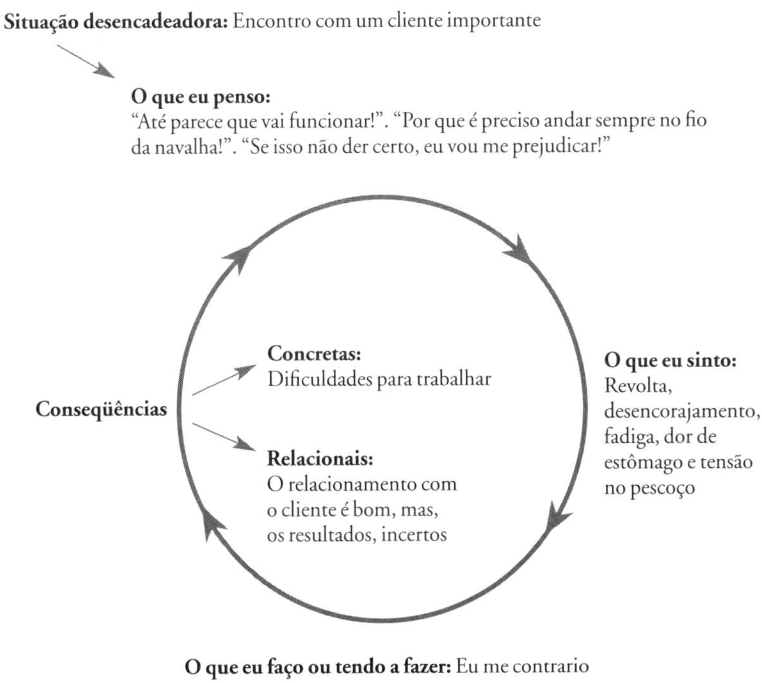

A partir dessas cinco situações analisadas, é possível imaginar os principais estressores e o modo como João Marcos reage a eles. A Análise Funcional Recapitulativa permite fazer a síntese da situação.

Análise Funcional Recapitulativa de João Marcos

(anterior ao programa de administração do estresse)

Situação desencadeadora: Competição profissional, agressividade dos colegas de trabalho, problemas familiares, excesso de trabalho, trânsito engarrafado

O que eu penso:
"Ainda bem que eu tenho garra, este mundo é cruel, ninguém me dará nada, estou farto!"

O que eu sinto:
Irritação, desencorajamento, angústia, fadiga, dores nas lombares, gastrite

O que eu faço ou tendo a fazer: Fico hiperativo

Conseqüências

Concretas:
Bons resultados, embora difíceis de serem conquistados

Relacionais:
Relacionamento complicado com os colegas de trabalho, relacionamento ruim em casa

Os principais estressores são profissionais e começam a repercutir sobre minha saúde, qualidade de vida e vida em família. A morte de meu pai, os mal-entendidos com minha esposa e os problemas de casa pioram as coisas. O estresse parece ter se agravado nestes últimos quatro anos, principalmente quando perdi o emprego. Uma das possíveis soluções seria diminuir a carga de trabalho (mas isso não é possível) ou encontrar um jeito de me estressar menos: mas como?

João Marcos constata que há muito estresse em sua vida. A atividade profissional está bem no centro do problema, influenciando a vida familiar, que se torna cada vez mais pesada. Para melhorar a situação, haveria duas possibilidades, segundo ele: diminuir a carga de trabalho, o que é impossível economicamente; ou procurar se estressar menos numa situação semelhante, o que ele ainda não sabe fazer.

Um programa de administração do estresse vai permitir, em seis meses, que ele regularize grande parte do problema.

Dada a significativa reação emocional e física, isto é, a irritação, a angústia, as dores gástricas e lombares que sente, João Marcos primeiro aprende a interrompê-las, com o auxílio dos métodos expostos neste livro: movimentos lentos e relaxamento imediato. Uma vez aprendido esses exercícios, eles se tornam uma eficiente ferramenta. Por exemplo: em caso de contrariedade, permitem imediatamente reduzir a emoção com o auxílio de uma respiração mais apropriada e do relaxamento imediato. Ao diminuir a carga emocional, é mais fácil refletir serenamente sobre o problema e, assim, ter melhores chances de resolvê-lo.

Num segundo momento, João Marcos se dá conta de que suas principais dificuldades eram sobretudo relacionais. Ele tinha muita dificuldade para não reagir de maneira agressiva a uma crítica, o que lhe tomava muito tempo. Exercícios destinados a aprender a receber críticas e a negociar conflitos, segundo princípios de afirmação do "eu", completa a "caixa de ferramentas" para reagir ao estresse.

Com a prática, em caso de dificuldades relacionais, João Marcos primeiro se acalma com o auxílio do relaxamento imediato, depois aplica um método de afirmação do "eu", que tem duplo objetivo: obter um resultado concreto e melhorar a relação com o outro. Em outras palavras, não deixa passar a oportunidade de fazer bons contatos com a pessoa em questão.

Esse programa de administração do estresse melhorou o problema. João Marcos agora considera sua vida muito boa. Ele tem prazer em ir trabalhar e mantém um ambiente familiar agradável. Ele mesmo se surpreendeu de ter conseguido controlar suas reações emocionais de forma tão rápida, já que atribuía isso a sua personalidade. Com poucos recursos e uma dose de bom senso, quase todos os conflitos desapareceram: realmente não valia a pena fazer de tudo um "cavalo de batalha". O círculo vicioso se tornou um círculo construtivo!

Análise Funcional Recapitulativa de João Marcos

(posterior ao programa de administração do estresse)

Situação desencadeadora: Competição profissional, agressividade dos colegas de trabalho, problemas familiares, excesso de trabalho, trânsito engarrafado

O que eu penso:
"Quanto mais eu me acalmar, melhores resultados alcançarei." "Não tenho nada a temer, o pior é perder o controle, e, se eu me mantiver firme, tudo tende a melhorar, aliás, como já descobri outras vezes".

O que eu sinto:
Tranqüilidade

O que eu faço ou tendo a fazer: Reflito calmamente sobre meu problema ou trato de me auto-afirmar. Só o fato de conseguir me acalmar e me auto-afirmar me permitem controlar melhor os problemas. Saio mais motivado pela manhã e enfrento melhor as situações que eu costumava evitar.

Conseqüências

Concretas:
Resultados profissionais suficientes, com mais calma

Relacionais:
Bom relacionamento com os colegas de trabalho e os clientes; ambiente familiar sereno.

A evolução da pontuação da escala de estresse confirma o progresso de João Marcos: de um total de 46, cai para 25.

Escala de avaliação do estresse (segundo João Carlos)

	Insignificante	Fraco	Pouco	Razoável	Muito	Extremo
Nota	1	2	3	4	5	6
1. Sou emotivo, sensível às observações e às críticas dos outros?			X			
2. Sou raivoso ou facilmente irritável?		X				
3. Sou perfeccionista? Tenho tendência a não me contentar com o que faço ou com o que os outros fazem?			X			
4. Tenho taquicardia, excesso de transpiração e tremores no rosto e das pálpebras?		X				
5. Sinto-me tenso, tenho tensão muscular, contração do queixo, do rosto e do corpo em geral?		X				
6. Tenho problemas para dormir?	X					
7. Sou ansioso?		X				
8. Tenho distúrbios digestivos, dores, dores de cabeça, alergias, eczema?			X			
9. Estou cansado?		X				
10. Tenho problemas de saúde mais graves como úlcera estomacal, doença de pele, taxa elevada de colesterol, hipertensão arterial, distúrbio cardiovascular?		X				
11. Fumo ou bebo álcool para me estimular ou acalmar? Utilizo outros produtos ou medicamentos?			X			
Total por coluna (número de casos marcados X nota)	1	12	12			
Total geral			25			

A escala dos estressores mostra uma pontuação parecida com a primeira: 22 em vez de 23.

Escala de avaliação dos estressores (segundo João Carlos)

	Insignificante	Fraco	Pouco	Razoável	Muito	Extremo
Nota	1	2	3	4	5	6
1. Em minha vida passei por situações traumáticas (morte, perda de emprego, decepção amorosa etc.)?				X		
2. Estou pronto para viver uma situação traumática (morte, perda de emprego, decepção amorosa etc.)?	X					
3. Sofro de uma sobrecarga de trabalho freqüente ou permanente? E/ou existe um ambiente muito competitivo em meu emprego?			X			
4. Meu trabalho não é adequado, não corresponde ao que eu gostaria de fazer ou é fonte de insatisfação, me dá a impressão de perda de tempo. No geral, ele me deprime?		X				
5. Tenho significativas preocupações familiares (casal, crianças, pais etc.)? Minha família é mais um peso do que um conforto?			X			
6. Tenho dívidas ou um salário muito baixo em relação a meu modo de vida? Isso me causa preocupação?				X		
7. Tenho muitas atividades extra profissionais que são fontes de fadiga ou tensões (associações, esportes etc.)?			X			
8. Tenho alguma doença? Fixe a gravidade ou a importância do incômodo ocasionado por isso.		X				
Total por coluna (número de casos marcados X nota)	1	4	9	8		
Total geral			22			

Desse modo, a situação de João Marcos mudou consideravelmente. Do caso típico "reação significativa de estresse" (46) para situação medianamente estressante (23), ele passa para o caso "fraca reação de estresse" (25) ainda numa situação medianamente estressante (22).

Concluída a Análise Funcional, torna-se mais fácil identificar qual ponto atacar para resolver o problema do estresse: emoções, pensamentos automáticos, comportamento e contexto em que se vive.

No próximo capítulo, serão apresentados em detalhes os métodos a serem seguidos, assim como a maneira de colocá-los em prática.

Saber o que tratar e como tratar é bem melhor do que agir por tentativa e erro, aliás, um "método" que pode levar ao desencorajamento e, talvez, aumentar o estresse. Ganhar tempo e energia é sempre fundamental.

RESUMO

Análise Funcional

A Análise Funcional é um etapa importante para colocar em ação um programa eficaz de administração do estresse: ela permite organizar melhor o uso dos diferentes métodos existentes para isso.

Num primeiro momento, trata-se de recolher os dados respondendo a uma série de questões. Num segundo momento, é interessante avaliar, com o auxílio das escalas específicas, a importância dos estressores e a reação de estresse. Por fim, a organização das informações segundo o método dos Círculos Viciosos permite:

- compreender como o problema funciona;
- definir os objetivos;
- precisar em qual nível do círculo é desejável intervir e com quais métodos.

Estabelecer um plano geral de ações permite se obter uma melhor "relação custo/benefício", o que faz com que se ganhe tempo e energia. Além disso, o simples fato de compreender o que acontece leva a uma melhora: observar já é controlar.

Fazer a própria Análise Funcional é possível respondendo às questões das escalas de avaliação dos estressores e do estresse das páginas 49 e 50.

Aprendendo a se autoquestionar

1. Quais são os principais estressores a que eu me submeto (os mais difíceis de tolerar ou os que exigem mais esforço)?
2. Quais são minhas principais reações emocionais (irritabilidade, raiva, angústia, desencorajamento, sentimento de urgência etc.)?
3. Quais são minhas principais manifestações funcionais (alteração do sono, tensões musculares, dores de cabeça, distúrbios digestivos, palpitações, dores lombares e articulares, problemas visuais, sensibilidade ao barulho e à luz etc.)?
4. Que problemas orgânicos eu apresento (doenças de pele, gastrite, úlcera estomacal ou outras doenças digestivas, hipertensão arterial, colesterol, diabetes, asma, infecções freqüentes, problemas alérgicos etc.)?
5. Que métodos uso para reagir? Em que medida são eficazes? Em que medida são prejudiciais?
6. Quanto ao meu comportamento, tenho vícios prejudiciais (tabaco, álcool, drogas ilícitas, café, açúcar, chocolate etc.)? Minha dieta alimentar é adequada? Pratico atividade física suficiente? Que outros meios utilizo para administrar o estresse?
7. Quais as conseqüências concretas sobre meu comportamento? Obtenho o que desejo? Meus objetivos são atingidos? Quais são as conseqüências sobre minhas relações familiares, profissionais, lazer e, de modo mais geral, sobre minha vida social?
8. Tenho apoio de minha família, amigos, colegas de trabalho ou, ao contrário, tenho de tolerar problemas adicionais?
9. Quais foram os principais traumas da minha vida (perda de emprego, morte, doença pessoal ou de um ente querido, separações e divórcios, problemas com os filhos, pais, cônjuge e família em geral)?
10. Sou de natureza mais emotiva, ansiosa ou explosiva?

Escala de avaliação dos estressores

	Insignificante	Fraco	Pouco	Razoável	Muito	Extremo
Nota	1	2	3	4	5	6
1. Em minha vida passei por situações traumáticas (morte, perda de emprego, decepção amorosa etc.)?						
2. Estou pronto para viver uma situação traumática (morte, perda de emprego, decepção amorosa etc.)?						
3. Sofro de uma sobrecarga de trabalho freqüente ou permanente? E/ou existe um ambiente muito competitivo em meu emprego?						
4. Meu trabalho não é adequado, não corresponde ao que eu gostaria de fazer ou é fonte de insatisfação, me dá a impressão de perda de tempo? No geral, ele me deprime?						
5. Tenho preocupações familiares (casal, crianças, pais etc.)? Minha família é mais um peso do que um conforto?						
6. Tenho dívidas ou um salário muito baixo em relação a meu modo de vida? Isso me causa preocupação?						
7. Tenho muitas atividades extra profissionais que são fontes de fadiga ou de tensões (associações, esportes etc.)?						
8. Tenho alguma doença?						
Total por coluna (número de casos marcados X nota)						
Total geral						

Resultados: veja p. 51

Escala de avaliação do estresse

	Insignificante	Fraco	Pouco	Razoável	Muito	Extremo
Nota	1	2	3	4	5	6
1. Sou emotivo, sensível às observações e às críticas dos outros?						
2. Sou raivoso ou facilmente irritável?						
3. Sou perfeccionista? Tenho tendência a não me contentar com o que faço ou com o que os outros fazem?						
4. Tenho taquicardia, excesso de transpiração e tremores, por exemplo, no rosto e das pálpebras?						
5. Sinto-me tenso, tenho tensão muscular, contração do queixo, do rosto e do corpo em geral?						
6. Tenho problemas para dormir?						
7. Sou ansioso?						
8. Tenho distúrbios digestivos, dores, dores de cabeça, alergias, eczema?						
9. Estou cansado?						
10. Tenho problemas de saúde mais graves como úlcera estomacal, doença de pele, taxa elevada de colesterol, hipertensão arterial, distúrbio cardiovascular?						
11. Fumo ou bebo álcool para me estimular ou acalmar? Utilizo outros produtos ou medicamentos?						
Total por coluna (número de casos marcados X nota)						
Total geral						

Resultados: veja p. 51

Resultados da escala de avaliação dos estressores (*ver p. 49*):
O total de cada coluna corresponde à soma do número de marcações da coluna multiplicada pela nota. O total geral é a soma dos totais de cada coluna.
Verificou-se uma média de 20,8 para um grupo de 51 pessoas que sofre de algum problema de estresse. A média é de 14 para a população pesquisada que não apresenta distúrbios de ansiedade ou de estresse. Essa diferença é significativa, porque separa dois tipos de grupos: as pessoas com estresse percebem mais estressores em sua vida do que as pessoas que não o apresentam. A tabela abaixo permite a você se situar melhor:

Entre 8 e 14	Meu nível de estressores é baixo
Entre 14 e 18	Meu nível de estressores é razoavelmente baixo
Entre 18 e 28	Meu nível de estressores é elevado
Acima de 28	Meu nível de estressores é extremamente alto

Resultados da escala de avaliação dos estressores (*ver p. 50*):
Calculam-se os totais da mesma maneira que na escala anterior. Quanto maior o número obtido, mais intenso é o estresse. Verificou-se uma média de 37,8 pontos para pessoas estressadas. A média é de 25,5 para a população sem estresse nem distúrbio de ansiedade. Essa diferença é significativa: as pessoas que sofrem de um problema de estresse têm resultado, em média, mais elevado do que aquelas que não apresentam o problema. A tabela abaixo permite que você se situe melhor:

Entre 11 e 19	Meu nível de estresse é baixo
Entre 19 e 30	Meu nível de estresse é razoavelmente baixo
Entre 30 e 45	Meu nível de estresse é elevado
Acima de 45	Meu nível de estresse é extremamente elevado

Faça a Análise Funcional de seu problema

1. Responda à lista de perguntas úteis do teste "Aprendendo a se autoquestionar" (*ver p. 48*).
2. Retome os questionários de avaliação dos estressores e do estresse (*ver p. 49 e 50*)
3. Quais informações da lista de questões e dos questionários parecem as mais importantes para você?
4. A partir de algumas situações, utilize o método dos Círculos Viciosos (*ver p. 37*) para visualizar o funcionamento do problema. Faça uma Análise Funcional Recapitulativa (*ver p. 42*) também sob a forma do círculo vicioso.
5. Quais são, em sua opinião, as modificações desejáveis em relação às emoções, aos pensamentos automáticos (idéias fixas) e ao contexto no qual se encontra?
6. Como você desejaria poder reagir? Quais são os níveis de intervenção possíveis? Classifique esses níveis por ordem de importância e depois por ordem de dificuldades para controlá-los.
7. O problema principal se situa, em sua opinião, no nível das emoções, dos comportamentos ou dos pensamentos automáticos (idéias fixas)?
8. Sobre quais outros níveis é interessante agir?

Parte II

Como agir sobre o estresse

Emoções e pensamentos

Capítulo 3

MODIFICAR HÁBITOS EMOCIONAIS

Como o estresse também é uma questão de hábito, é preciso estar disposto a aprender novas atitudes emocionais, cognitivas e comportamentais para quebrar o círculo vicioso. Para isso, vários métodos vêm sendo desenvolvidos nos últimos anos, focados nas emoções, pensamentos automáticos e comportamentos. Todos eles são eficazes, mas a Análise Funcional (*ver p. 29*) ajuda a definir o mais indicado para cada caso.

Um programa de administração do estresse deve ser feito sob medida para ser eficaz e dar resultados. Alguns pontos, no entanto, obedecem às seguintes técnicas, as quais constatam que é preciso:

- aprender novas condutas incompatíveis com o estresse. Por exemplo, ao aprender a relaxar, não se pode estar tenso ao mesmo tempo;
- adquirir comportamentos novos e mais adaptados, já que é impossível simplesmente "desaprender" muitos hábitos. Por exemplo: se não se consegue diminuir a própria irritabilidade, é preciso aprender a se acalmar;.
- repetir os novos aprendizados, para que se tornem duradouros: dez pequenos exercícios freqüentes são mais vantajosos do que um grande número praticado de vez em quando.

O aprendizado deve se estender por um período razoável, no mínimo seis meses, a fim de se tornar um procedimento, ou seja, uma conduta adquirida para sempre, um aprendizado que fica retido na memória e é impossível de ser esquecido. Um dos melhores exemplos disso é a bicicleta: quando se aprende a pedalar, nunca mais se esquece, torna-se definitivo.

Os métodos de administração do estresse apresentados neste livro não são mágicos, nem podem ser utilizados em todos os contextos. A escolha deve decorrer da Análise Funcional, estar de acordo com o gosto de cada um e aliada a outras técnicas. O relaxamento, por exemplo, pode ajudar na resolução de problemas: saber relaxar torna mais fácil a aplicação do método de resolução de problemas, que, por sua vez, favorece o relaxamento.

Por outro lado, não adianta adquirir técnicas que não se aplicam à realidade de cada caso. Por exemplo: se uma pessoa trabalha sozinha, de nada adiantará aprender métodos de resolução de conflitos, que são próprios de relacionamentos.

Hábitos Emocionais

Eles estão entre os primeiros problemas de estresse: são, por um lado, o reflexo dos mecanismos psicológicos do estresse e, por outro, a principal causa de complicações da saúde física e mental.

Mesmo quando as emoções estão resolvidas, as pessoas estressadas apresentam muito freqüentemente angústia, raiva ou ambos os sentimentos.

Angústia

Existem três tipos de angústia: pânico, ansiedade generalizada e ansiedade adaptada.

Pânico

Ocorre quando a intensidade da angústia chega a seu nível máximo. Trata-se de um estado de alarme que prepara o corpo para um esforço breve e intenso: a fuga ou o combate. É um fenômeno biológico encontrado em todo o reino animal e no qual o raciocínio tem papel reduzido: é praticamente impossível raciocinar durante um ataque de pânico. Os principais pensamentos desse estágio são: o medo de morrer, de enlouquecer ou de não ter controle sobre os próprios atos.

O ataque de pânico corresponde ao estresse agudo experimentado nos traumas profundos, como num acidente de carro ou numa agressão. Sua manifestação depende, no entanto, da sensibilidade do indivíduo: algumas pessoas nunca entram em pânico, mesmo em circunstâncias graves; outras entram rapidamente, por meio de situações banais e, em certos casos, até mesmo com a ausência de um elemento desencadeador. Todos os estágios intermediários são possíveis.

Ansiedade generalizada

Corresponde ao segundo estágio da angústia, em que o indivíduo permanece tenso e freqüentemente apresenta distúrbios funcionais, como dificuldade respiratória e distúrbios digestivos. Trata-se de um estado de alerta. O pensamento se concentra na expectativa de um perigo potencial, levando a pessoa a prestar mais atenção naquilo em que acredita e espera acontecer. Não é raro haver tendência ao pessimismo. Se o estado persistir, segue-se uma fase de esgotamento, acompanhada de conseqüências orgânicas.

Ansiedade adaptada

Neste último caso, o indivíduo produz uma ansiedade útil para a ação e o bem-estar. Trata-se de um estado desejável.

Raiva

Uma pessoa com raiva tem seu raciocínio afetado. Existem três estados de irritação: fúria, irritabilidade e irritabilidade adaptada.

Fúria

Quando uma pessoa está com raiva, percebe tudo como uma agressão, o que a faz ter um comportamento de ataque.

Irritabilidade

A irritação faz a pessoa se defender, mesmo antes de ser atacada. Toda sua atenção fica centrada naquilo que está errado ou não está muito bem. Pequenas frases como "isso só acontece comigo" ou "há alguma coisa por trás disso" invadem a sua mente.

Irritabilidade adaptada

Na vida cotidiana, a irritabilidade adaptada corresponde ao estado em que existem poucas razões reais para se incomodar. Os melhores resultados são obtidos quando se está calmo.

As pessoas podem experimentar estados mais variados, desde a ansiedade sem nenhuma irritabilidade até a fúria sem nenhuma angústia.

Importante é saber que quanto maior é a emotividade, menor a possibilidade de raciocínio: emotividade demais impede pensamentos eficazes e faz as pessoas voltarem aos estágios mais primitivos. Aprender a reagir com a emoção sob controle faz com que os problemas de estresse sejam resolvidos de maneira mais eficaz. O pensamento funciona melhor e a energia disponível para a ação aumenta, porque está menos mobilizada para a reação emocional. Por outro lado, contrário ao senso comum, ser menos emotivo dá lugar a uma maior sensibilidade. Ao se imaginar Romeu, o apaixonado por Julieta, mergulhado num estado de raiva, é possível ver seus sentimentos irem para segundo plano. Nesse caso, Romeu corre o risco de fazer uma cena lastimável diante de Julieta, a quem ama perdidamente. Em compensação, desde que sua raiva esteja sob controle, o amor voltará ao primeiro plano.

Exercícios para o controle das emoções são essenciais. A regra básica consiste em: "primeiro se acalmar e só depois pensar e agir". Já no caso de um estresse significativo, a regra será: "primeiro ficar nervoso ou angustiado. E só depois, pensar e agir". Nesse caso, reage-se com emotividade.

Um dos métodos mais eficazes para atingir a calma é o relaxamento imediato a ser apresentado a seguir.

MITO

"Com as emoções controladas, a pessoa geralmente se torna indiferente e insensível."

Realidade: quando a emotividade for muito elevada, a pessoa, na verdade, se torna menos sensível e acaba por fazer com que seus sentimentos caiam para um segundo plano. Com a emotividade controlada, pelo contrário, ela não impede nenhum sentimento de se manifestar e favorece o raciocínio.

Relaxamento imediato

Relaxar pode ser muito difícil para quem está estressado. Pode até mesmo acontecer de um exercício de relaxamento provocar um resultado inverso: maior irritabilidade e tensão.

Entretanto, o repouso é possível, ainda que apenas numa situação propícia (por exemplo, com música ou quando se está em férias). Isso significa dizer que o repouso não é muito comum nos contextos ansiosos ou estressantes. Nesse caso, relaxar é possível apenas se tudo estiver bem! Mesmo assim, é sempre preferível ter alguns momentos de repouso do que não ter nenhum – embora seja insuficiente se o objetivo é enfrentar os problemas mais do que evitá-los.

O relaxamento eficaz deve funcionar mais ainda nas situações difíceis. O método a ser descrito se baseia na fisiologia do sistema nervoso neurovegetativo. Praticado com freqüência, esse método dá bons resultados.

Sistema nervoso neurovegetativo

Sistema que comanda as funções automáticas do organismo (ritmo cardíaco, digestão, respiração etc.), independente da vontade. Subdivide-se em duas partes: sistema simpático e sistema parassimpático.

1. O sistema nervoso simpático acelera as funções fisiológicas (ao ser estimulado, aumenta o estresse e desativa o sistema nervoso parassimpático).
2. O sistema nervoso parassimpático desacelera quase todas as funções fisiológicas (ao ser estimulado, acalma e coloca o sistema nervoso simpático em repouso).

Essas duas partes do sistema nervoso autônomo funcionam em inibição recíproca, ou seja, quanto mais em ação estiver o sistema simpático, mais em repouso permanece o sistema parassimpático – e vice-versa.

Quando uma pessoa está estressada, há uma forte aceleração do sistema simpático e a conseqüente desaceleração do sistema parassimpático. É um estado que se traduz, muitas vezes, por aumento do ritmo cardíaco, falta de ar, tensão muscular, hipertensão arterial, tremores e suores. Outros sinais, que os médicos chamam de neurovegetativos, não são raros. Um círculo vicioso então se instala, afetando particularmente a função respiratória: a sensação de falta de ar faz com que se respire mais, o que acelera o sistema simpático e aumenta a sensação de falta de ar.

Quanto mais o indivíduo respirar, maior é a impressão de falta de ar...

Num grau máximo, há ataque de pânico ou de raiva! Na maioria das vezes, a pessoa que se encontra estressada fica com uma desagradável sensação de precipitação e de opressão própria do estado de alerta, e, às vezes, essa sensação persiste e se torna permanente. O mecanismo que regula a atividade recíproca dos sistemas nervosos simpático e parassimpático se desregula, ao perceber a existência de uma hiperatividade simpática e a baixa atividade parassimpática.

Felizmente, o reflexo funciona também no sentido inverso: quanto menos se respira, mais a pessoa se acalma! Tudo isso vai contra o senso comum, as crenças e a iniciativa da pessoa estressada que respira verdadeiras "golfadas de ar" para se acalmar – mas que, com isso, fica ainda mais nervosa.

Existe, porém, um mecanismo para economizar energia: quanto menos oxigênio houver, mesmo que seja uma diminuição reduzida, menos oxigênio o organismo consome para manter suas atividades. As emoções, grandes consumidoras de energia, seguem essa mesma desaceleração.

Resta reforçar um ponto importante. Uma vez que é difícil "desaprender" algo, incluindo o estresse, a saída é aprender a se acalmar, exercitando o sistema nervoso parassimpático, o que colocará em repouso o sistema nervoso simpático.

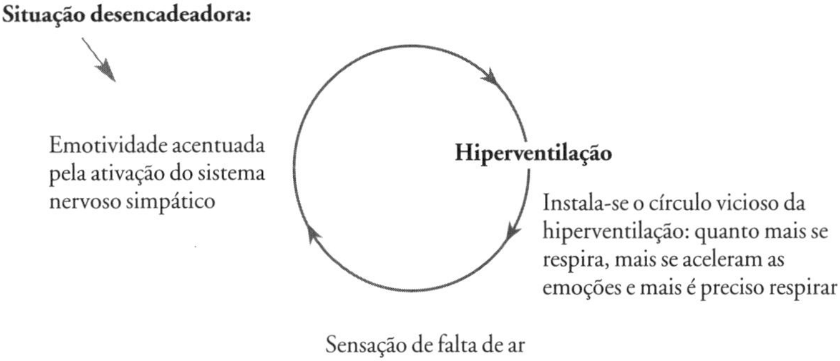

MITO

"Para me acalmar, devo respirar fundo, a fim de me oxigenar."

Realidade: quanto mais forte se respira, maior a sensação de perda de ar e mais grave o estresse.

Exercitar-se

Hipoventilação

É difícil saber exatamente como relaxar quando se está numa situação estressante, quando se está tenso, irritado ou ansioso. Mas existe, sim, um caminho: trata-se de uma manobra que estimula o sistema nervoso parassimpático.

Ao se desacelerar o ritmo respiratório, há uma desaceleração emocional geral, tanto fisiológica quanto psicológica, já que o pensamento se "acalma" quando a emotividade diminui.

Quando se está estressado, é grande a tendência a perceber acelerações e tensões. Por exemplo, é nessas ocasiões que se pode sentir mais o ritmo acelerado do coração. Aprender a tomar o próprio pulso permite comprovar a eficácia do método: se ele desacelerar é porque o método funciona. A técnica precisa ser aperfeiçoada em caso de pulsações idênticas ou de aceleração.

O pulso se situa no punho, na fissura que se prolonga diretamente do polegar. Para encontrá-lo, basta apoiar o indicador, o dedo maior ou o dedo anular sobre essa fissura para perceber as pulsações cardíacas num ritmo regular mais ou menos rápido. A fim de adquirir esse hábito, é preciso se concentrar no ritmo dos batimentos.

Assim que a técnica de medir o pulso for aprendida, é hora de passar para a etapa seguinte: sem forçar o movimento, esvaziar os pulmões; depois, inspirar um pouco de ar e o reter por um curto espaço de tempo; enfim, expirar sem se esforçar, como acontece com um balão que murcha. Após algumas tentativas, é possível notar que a pulsação diminui. Primeiro, sob a forma de uma desaceleração (um batimento a menos, por exemplo) ou de uma pulsação menos forte; depois, o ritmo volta a se regularizar. É interessante continuar, mas sem esforço, até que a desaceleração seja nítida.

Pouco a pouco, o ritmo cardíaco ficará menos acelerado por um maior espaço de tempo. Qualquer que seja o ritmo básico do pulso, rápido ou lento, é possível desacelerá-lo. A medida da freqüência cardíaca serve de parâmetro para o aprendizado. Quando alguém começa a praticar esse método, a desaceleração do pulso não é perceptível. Às vezes acontece de sobrevir uma aceleração, provavelmente devido ao fato de se tratar de uma novidade, já que tudo que é novo estimula o sistema nervoso simpático.

Num segundo momento, porém, a desaceleração é perceptível: é possível sentir um batimento a menos, por exemplo. Isso significa que o sistema nervoso parassimpático foi ativado e tudo no organismo se desacelera, embora dure somente um décimo de segundo. Num terceiro momento, basta manter um ritmo respiratório baixo e o período de desaceleração se prolonga.

Convém praticar um exercício de cada vez, porque assim se mantém a concentração e se evitam estados de excitação, que produziriam justamente o contrário do que se quer. Por outro lado, exercitar-se é sempre fundamental para conseguir avanços: antes um único exercício bem feito do que dez mal feitos.

Outro ponto a se levar em consideração é o fato de que todo o aprendizado progride melhor se realizado aos poucos. É preferível, portanto, praticar exercícios em momentos de calma ou de pouca agitação, para que seus resultados sejam mais positivos e se prolonguem.

Essa não é, aliás, uma condição exclusiva do relaxamento imediato, já que é comum a quase todos os aprendizados. Por exemplo: é preferível aprender a andar de patins aos poucos, quando não se está cansado e com um número maior de pequenos exercícios, do que com um salto-mortal em plena enxaqueca!

É possível identificar a desaceleração de todo o organismo (quando o coração desacelera, tudo ou quase tudo também diminui seu ritmo), que se descontrai. Nesse caso, é inútil medir a freqüência do pulso, já que a sensação de calma, de descontração ou de menor atenção corresponde ao fim do relaxamento.

É importante continuar o exercício até se chegar ao relaxamento e à sensação imediata de calma. Praticar a hipoventilação em todas as circunstâncias da vida (trabalho, transporte, família, reuniões) e em todas as posições (sentado, em pé, de olhos fechados, de olhos abertos etc.) é sempre útil.

Uma vez habituada, a pessoa pode recorrer a esse método nas situações incômodas ou angustiantes, para perceber se é capaz de se acalmar e de desacelerar o próprio pulso, e, com isso, reagir melhor. Depois, progressivamente, é interessante usá-lo nos momentos mais difíceis.

O exercício de hipoventilação, praticado muitas vezes, é extremamente eficaz. Mas ele ainda pode ser completado por um método de relaxamento imediato, que agora será mais fácil de aprender.

SAIBA MAIS

O termo estresse vem do inglês *stress* que significa "tensão, pressão". Angústia provém da palavra latina *angere*, que significa "oprimir, apertar a garganta". Relaxamento, por sua vez, vem do latim *relaxatio*, que significa "interrupção".

Desaceleração condicionada

É possível diminuir a aceleração decorrente de um impacto emocional com a seguinte técnica: em pé, de olhos fechados, respirar profunda e rapidamente, até que o coração bata mais rápido. Isso pode causar um mal-estar como vertigem, dificuldade para respirar ou transpiração. Nesse caso, não se deve insistir mais do que o necessário para a aceleração do pulso.

É inútil provocar um ataque de pânico! Assim que a aceleração for alcançada, é hora de começar a manobra de hipoventilação: deve-se repeti-la várias vezes, em períodos espaçados, até se obter uma significativa desaceleração do pulso. Pouco a pouco, um novo hábito irá surgir: a cada pico emocional será ativada automaticamente essa manobra de desaceleração. Mas não é preciso ser perfeccionista: é preferível repetir os exercícios ao longo do dia e em circunstâncias normais do que fazer um ou dois de maneira perfeita. A repetição freqüente, ainda que imperfeita, leva a melhores resultados.

Relaxamento imediato

Após provocar uma hipoventilação, é hora de se sentar, fechar os olhos e concentrar-se por segundos na própria respiração, "que adormece": a cada respiração é possível ficar mais próximo do sono e de uma sensação de calma.

No início, são necessárias dez respirações, a fim de se conseguir um relaxamento progressivo até se chegar a um relaxamento profundo, com um número menor de respirações. Até que uma só baste.

Simultaneamente ao exercício, é importante, com o auxílio da respiração, buscar a mesma sensação de calma, mas com os olhos abertos. O relaxamento corresponde a um estado de calma próximo daquele necessário para dormir. Só que, neste caso, se está bem acordado.

Quando for possível relaxar rapidamente, isto é, encontrar em poucos instantes uma calma generalizada que atinge todo o organismo, é interessante praticar o exercício em todas as situações da vida cotidiana, começando pelas menos estressantes. Assim como acontece com os exercícios anteriores, a repetição é fundamental.

Concentração e atenção dirigida

O relaxamento imediato pode ser completado por exercícios de concentração, com a atenção colocada numa imagem ou num objeto neutro, com segundos de duração – para começar.

A concentração é um método que consiste em pensar numa só coisa de cada vez, a fim de se concentrar nela e não se desviar a atenção para outras ações ou idéias. Por isso, para fazer o exercício, é preciso escolher um objeto e observá-lo atentamente, a fim de conseguir descrevê-lo em detalhes.

Se, por acaso, não houver nesse momento atenção suficiente, melhor recomeçar mais tarde. Assim que for possível se concentrar no objeto, uma sensação de calma se instalará: esse é o momento de aproveitá-la plenamente.

A mesma concentração deverá, em seguida, ser realizada mentalmente, com a imagem do mesmo objeto: com isso, esvazia-se a mente das preocupações, já que só é possível ter uma idéia de cada vez.

Pensar numa imagem agradável que inspire calma, como uma paisagem, um curso de água, uma praia, uma flor etc., também é recomendável. Nesse caso, a representação é pessoal, ao gosto de cada um, e pode se repetir a fim de estimular um reflexo condicionado: pensar nisso sempre relaxa. O teste "Concentração e atenção dirigida" (*ver p. 107*) ajuda a se exercitar nesse método.

O relaxamento das mãos e do rosto, outra possibilidade, é útil para quem tem dificuldade em "criar uma imagem mental" ou simplesmente porque acha esse outro método mais agradável.

Relaxamento das mãos

Começar por um exercício de desaceleração respiratória; depois, sentado, procura-se a calma ou a sonolência. Em seguida, concentrar-se nos pés e no contato das mãos relaxadas sobre as coxas. Quanto mais pesadas estão, maior é a superfície de contado, mais significativo é o relaxamento, pois os músculos agora estão soltos. Com um pouco de treino, a sensação de calma invade todo o corpo.

Relaxamento do rosto

Após uma indução por desaceleração respiratória, de olhos fechados, é hora de se concentrar no relaxamento do queixo, uma vez que os maxilares estão entre os músculos mais poderosos do organismo. Quando o relaxamento se instala, é comum que a pessoa salive, o que é um ótimo sinal. Em seguida, procura-se relaxar os diferentes músculos da face, começando pelos músculos da testa. Quando o conjunto da face estiver distendido, o corpo o acompanhará. Às vezes, é interessante completar o exercício alongando todas as demais partes do corpo: nuca, costas, membros.

Quando se alcançar um bom nível de relaxamento, ou seja, quando a sensação de calma estiver instalada, ideal é procurar atingir esse estágio o mais rápido possível, diminuindo o tempo mas mantendo a qualidade do exercício. Para finalizar, é interessante repetir o exercício para que se consiga obter um relaxamento profundo, a partir de uma simples expiração.

Outras técnicas também permitem a uma pessoa relaxar e se alongar. Uma delas é o Treinamento Autógeno, método de auto-hipnose desenvolvido pelo médico alemão J. H. Schultz, que considerava a mente ocidental muito inquieta para os métodos orientais de meditação. Seu processo de trabalhar a mente exige concentração do praticante em diferentes partes e funções do organismo, até chegar a um estado de consciência mais próximo da auto-hipnose do que da meditação propriamente dita. Em todo caso, para uma melhor administração do estresse, essas outras técnicas devem ser adotadas paralelamente aos tipos de relaxamento apresentados anteriormente.

A insensibilização

Ao se praticar com freqüência o relaxamento e os exercícios mencionados anteriormente é mais fácil alcançar bons resultados. Mais importante, porém, é saber como utilizá-los corretamente a fim de enfrentar as situações estressantes em estado de insensibilização.

Insensibilização é um método da teoria comportamental que primeiro procura acalmar as pessoas através de relaxamento, para depois expô-las a situações angustiantes ou estressantes, o que lhes permite ter melhor desempenho. Para isso, existem duas técnicas.

Insensibilizar "com uso da realidade"

Com o auxílio dos instrumentos de relaxamento imediato, é possível definir um programa de exposição às situações estressantes, começando pelos estressores menos intensos para, em seguida, aumentar progressivamente o nível de dificuldade das situações. Num primeiro momento, elabora-se uma lista de problemas que desencadeiam reações de estresse, classificando-os segundo a dificuldade. Num segundo momento, após se obter o relaxamento, basta se expor a cada uma das situações listadas, verificando sempre se a calma se mantém.

Uma variante desse método é decompor uma dada situação estressante em várias etapas menos dolorosas e se expor a cada uma delas, em ordem crescente de dificuldade. Por exemplo: quem se sente exausto com o próprio trabalho, pode dividi-lo em três ou quatro tarefas e realizar uma de cada vez, sob efeito do relaxamento, começando pela mais fácil.

Às vezes, o método para se insensibilizar "com uso da realidade" é difícil porque:

1. É difícil elaborar uma lista confiável de problemas, já que o trabalho geralmente comporta muitos imprevistos. Nesse caso, o imprevisto deve ser considerado um estressor em si e o ideal é começar pela insensibilização "com a imaginação", que será explicada mais adiante.
2. Só existem situações difíceis e que não podem ser decompostas em etapas progressivas. Nesse caso, a insensibilização "com uso da imaginação" também é de grande auxílio, assim como exercícios de estimulação.
3. O problema a se enfrentar exige competências particulares, fora do alcance do próprio indivíduo. Nessa situação, é mesmo difícil permanecer calmo diante de um trabalho para o qual não se tem competência: seria como voar de asa-delta sem nunca ter praticado antes. Aqui, será preciso, portanto, adquirir habilidades ou recorrer a pessoas que sejam mais preparadas.

Fernanda: relaxamento programado

Fernanda é uma jovem de 25 anos que trabalha como propagandista de um laboratório farmacêutico e há dez anos sofre de estresse. Ela sente dores abdominais, dificuldade para dormir e muita fadiga.

No trabalho, deve periodicamente prestar contas sobre as vendas que faz aos médicos, gente que nem sempre têm tempo para escutá-la e, às vezes, são até estúpidos e deselegantes. Fernanda costuma passar horas na sala de espera dos consultórios e, por causa disso, não cumpre à risca o plano de visitas. "Vivo sob pressão", costuma dizer.

Seu programa de administração do estresse incluiu as seguintes etapas:

1. Praticar relaxamento imediato.
2. Praticar insensibilização, segundo o seguinte grau de dificuldade:
• médico acolhedor;
• médico um pouco menos acolhedor;
• discussão com uma colega de trabalho pessimista;
• requisição apresentada ao diretor;
• visita a um médico com fama de mal educado, sobretudo com os propagandistas dos laboratórios farmacêuticos.

Em cada uma dessas situações, Fernanda passou a chegar relaxada e assim conseguia se manter até passar para a etapa seguinte – e só depois de se sentir realmente bem. Com isso, logo adquiriu o hábito de relaxar antes de enfrentar os problemas que normalmente surgem em seu dia-a-dia. Agora, sempre que aplica esse método, ela se sente melhor. Além disso, o fato de estar menos estressada lhe permite relativizar e até mesmo amenizar as dificuldades. "Nesta atividade é preciso gostar de problemas; caso contrário, é preferível mudar de emprego", passou a repetir para si mesma.

Insensibilizar "com uso da imaginação"

Esta técnica segue o mesmo princípio do método para se insensibilizar "com uso da realidade". Existem aqui duas maneiras possíveis:

1. Dividir uma situação difícil em etapas progressivas e estabelecer uma hierarquia de problemas em função da dificuldade. Nesse caso, é preciso fechar os olhos e, sob relaxamento, imaginar as diferentes etapas, passando da mais fácil para a mais difícil, mas só depois de se ter conseguido manter a calma.
2. Conscientizar-se de que não existem só situações difíceis ou imprevisíveis. Nesse caso, a insensibilização "com uso da imaginação" deverá ser repetida até que se consiga obter um relaxamento integral. Cada vez que a ansiedade, a raiva ou uma doença qualquer se manifestar durante o exercício, é preciso interrompê-lo, relaxar, e só depois recomeçá-lo novamente. Se as situações são imprevisíveis, deve-se praticar o mesmo método, desta vez com eventos já vivenciados antes. Por exemplo: no caso de uma

discussão, é importante imaginar, sob relaxamento, todos os detalhes do episódio e só recomeçar a relembrá-los quando a calma estiver instalada.

Reviver, sob relaxamento e por intermédio das lembranças, um passado doloroso é um bom recurso para se enfrentar melhor os problemas futuros. Em sentido inverso, embora funcionando da mesma maneira, é possível praticar a insensibilização: neste caso, ao se pensar em determinadas situações se deve manter a calma. Conseguir relaxar nas mais variadas circunstâncias faz com que a pessoa consiga utilizar melhor a energia habitualmente desperdiçada em emotividades – sejam reais ou imaginadas.

Há casos, no entanto, em que o relaxamento e a insensibilização funcionam apenas como introdução a outros métodos de administração do estresse, entre os quais estão:

1. Técnicas cognitivas utilizadas para modificar os processos mentais – em outras palavras, o modo de cada um representar as coisas.
2. Técnicas de resolução de problemas e o aprendizado de habilidades relacionais.
3. Administração do tempo.
4. Métodos para melhorar o bem-estar: alimentação, atividade física, eliminação de vícios etc.

MÍRIAM: COM MAIS ENERGIA E DISPOSIÇÃO

Míriam andava muito nervosa no trabalho, com o marido e os filhos. Ela apresentava picos de crises de raiva e se punha a berrar por nada. Sentia-se estressada e tinha medo de não conseguir terminar seus afazeres. Às vezes, tinha crises de taquicardia e sentia um aperto no peito que a obrigava respirar profundamente. Só que as crises se tornavam cada vez mais freqüentes. A Análise Funcional de seu problema evidenciou que todo aborrecimento, mesmo que mínimo, desencadeava uma grande irritação. Decidiu-se, então, fazer com que Míriam colocasse em prática um exercício de relaxamento imediato, começando por exercícios respiratórios de hipoventilação. Em quatro meses, Míriam adquiriu um novo hábito: no momento em que se sente aborrecida, faz imediatamente um exercício de relaxamento que desacelera seu coração e seu nervosismo. Isso passou a ser um reflexo: é muito difícil ficar nervosa quando se está desacelerada! Sentindo-se mais calma, ela perde menos tempo e energia para fazer as coisas do dia-a-dia e se sente bem menos cansada. Também constatou que seus filhos estão mais obedientes quando ela está calma, o que pensava ser impossível. O exercício de relaxamento se revelou satisfatório. Míriam está realmente muito mais calma.

RESUMO

Diferentes estados de angústia

Estado de pânico: o pânico é um estado de alarme e urgência, cujo objetivo é preparar o corpo para um esforço breve e intenso, como a fuga ou o combate. É acompanhado de uma significativa aceleração dos processos psicológicos, que inviabilizam o raciocínio.

Ansiedade generalizada: trata-se de um estado de alerta, cujo objetivo é preparar o corpo para o estado de urgência. O pensamento se concentra naquilo que a pessoa acredita, fazendo com que esteja predisposta a ver apenas o que ela crê. Raciocinar fica muito difícil. Por exemplo: pais preocupados com um filho que não chega terão cada vez mais dificuldade para raciocinar.

Ansiedade adaptada: é quando a reação ansiosa está adaptada ao contexto. De modo geral, como a vida não comporta perigos, a ansiedade deve ser baixa. Nesse caso, o raciocínio funciona bem e uma pessoa percebe eventuais perigos e a melhor maneira de se proteger. Ela é capaz de ponderar fatos e situações

Dica: quando a reação de ansiedade está adaptada ao contexto, possibilita pensamentos adequados para a preservação: numa situação de perigo real, pode ser útil entrar em pânico; numa situação de alerta, é fundamental que o pensamento esteja centrado nos riscos; e numa situação segura, é muito importante poder refletir com serenidade.

Diferentes estados de irritação

Fúria: é um estado de alarme e urgência, cujo objetivo é preparar o corpo para um esforço breve e intenso, como o combate. A fúria acelera os processos psicológicos, sendo impossível raciocinar.

Irritabilidade: trata-se de um estado de alerta. Seu objetivo é manter o corpo pronto para o ataque. Os pensamentos se concentram nas razões consideradas válidas para se sentir raiva: então raciocinar fica muito difícil. Nesse estado, as pessoas desconfiam dos outros e a reagem precipitadamente.

Irritabilidade adaptada: trata-se provavelmente de um estado de calma onde a raiva às vezes está presente. De modo geral, haverá sempre mais energia disponível durante a calma.

RESUMO

Relaxamento imediato

A emotividade provoca uma aceleração geral de todo o organismo. Quando é muito intensa, raciocinar passa a ser impossível, já que todo pensamento está a serviço da emoção.

As emoções consomem muita energia e necessitam de oxigênio para funcionar, o que explica por que são acompanhadas por um ritmo cardíaco cada vez mais acelerado – desencadeando, paradoxalmente, uma sensação de falta de ar, que exige uma aceleração suplementar da respiração: é assim que se instala o círculo vicioso.

A hipoventilação consiste numa manobra que leva a uma desaceleração geral do organismo, por intermédio do sistema nervoso parassimpático. Quando a hipoventilação se torna um hábito, o relaxamento imediato se instala e assim ativa um novo reflexo. A energia disponível para o pensamento e para a ação se torna mais significativa. O grande segredo do sucesso desse método é a repetição freqüente, durante vários meses, até que se automatize.

A insensibilização "com uso da realidade" ou "com uso da imaginação", induzida por relaxamento, se utiliza dele para que o indivíduo aprenda a manter a calma nas situações estressantes. No caso de insensibilização "com uso da imaginação", o método exige concentração, sob efeito de relaxamento, em imagens ou pensamentos concebidos como antecipações ou rememorações de situações de estresse.

Concentração e atenção dirigida

1. Fixe o olhar em um objeto qualquer e se concentre para memorizar detalhes do objeto.
2. Recomece o teste, desta vez apenas pensando no objeto em questão, procurando, de olhos fechados, dar detalhes do que viu anteriormente e conseguiu fixar.
3. Se sua atenção estiver prejudicada, interrompa o teste, relaxe e recomece-o mais tarde.

Dica: A capacidade de concentração aumentará à medida que você se exercitar desta maneira.

Relaxamento imediato

1. Pratique o método de relaxamento imediato, começando por uma situação calma até envolver todas as circunstâncias de sua vida.
2. Elabore uma lista de situações estressantes, ordenadas em função da dificuldade que você tem em enfrentá-las.
3. Imagine você se expondo a cada uma dessas situações, começando pela mais fácil. Para tanto, relaxe e visualize a situação e o comportamento que você desejaria ter. Não hesite em repetir o exercício. Se sua ansiedade aumentar, pare e recomece mais tarde.
4. Teste, em seguida, sua capacidade real para relaxar. Uma vez vencida a primeira etapa, recomece com a etapa seguinte, mais difícil. O estado emocional não é constante, logo, haverá dias em que o exercício parecerá mais fácil e, em outros, mais difícil. Continue até aprender a relaxar.

Capítulo 4

MODIFICAR HÁBITOS MENTAIS

"Pensar é próprio do ser-humano" mas o conteúdo do pensamento nem sempre é adequado aos objetivos. O que passa pela mente de uma pessoa reflete seu estado emocional e desempenha papel crucial na produção de estresse. Se os pensamentos são pessimistas e orientados por crenças inadequadas, raivas ou desejo de competição, tanto pior. Se um estudante tem medo de fracassar num exame, é comum que seus pensamentos se norteiem mais para o risco do fracasso do que para as chances de sucesso. Se ele se estiver cansado por causa de um estresse prolongado ou muito intenso, se sentirá desencorajado e os pensamentos depressivos substituirão os demais pensamentos, levando-o a repetir frases como "eu não sei nada!", "nunca conseguirei!" e assim por diante.

Um representante comercial preocupado com o balanço das vendas, mas com seu espírito de competição aguçado, dirá para si mesmo: "tenho de me esforçar!", "devo reagir", "não posso falhar". Mas se a pressão for contínua e os resultados não aparecerem, pensamentos menos positivos poderão surgir: "vou acabar sendo despedido", "é muito difícil", "de que adianta me esforçar?" etc.

Com o tempo, o hábito fará com que toda a informação seja processada em função do estresse, e a pessoa adote uma maneira de pensar sobre si, seu futuro e os outros, característica do estado de resistência e esgotamento.

Sobre si mesmo, por exemplo, o comerciante citado anteriormente poderá repetir, durante a fase de adaptação, frases como "será que estou bem posicionado neste trabalho?". Já quando estiver em fase de esgotamento, dirá: "seria melhor eu me demitir". Em relação às outras pessoas , na fase de adaptação, repetirá: "tenho de desconfiar de todo mundo!". Já em fase de esgotamento, dirá: "querem me prejudicar!". Em relação ao próprio futuro, pensará durante a fase de adaptação que "tudo pode acontecer!", enquanto na fase de esgotamento, estará convicto de que "nada vai dar certo".

Esse modo de interpretar os fatos e a realidade acaba por se agravar e estabelecer um círculo vicioso de estresse. Conhecidos por pensamentos automáticos (*ver p. 72*), são idéias sempre presentes e que invadem a mente da pessoa mesmo em situações não-estressantes. Eles funcionam como um "gabarito particular" que cada um desenvolve e tem sempre à mão para enfrentar a realidade, influenciando o estado emocional. A modificação dos hábitos mentais é, portanto, fundamental para se conseguir administrar o estresse.

Mas como agir? O que fazer para chegar lá? A reestruturação cognitiva, um tipo de terapia cujo método estimula a modificação dos pensamentos automáticos que agravam a depressão, a angústia e o estresse, pode ser a solução, como se verá a seguir, com uma série de exercícios propostos.

Reestruturação Cognitiva

Tomar consciência dos próprios pensamentos automáticos é interessante porque permite que cada um os perceba como uma paisagem conhecida que não desaparece quando se deixa de vê-la. Além disso, eles são sempre muito numerosos e, freqüentemente, são os mesmos.

Na prática, isso significa dizer que ao se modificar e alargar os próprios pontos de vista, é possível agir sobre o conjunto dos pensamentos para melhor se prevenir contra o estresse.

Pensamentos automáticos ⇄ **Emoções**

Atenção: Existe uma relação estreita entre os pensamentos automáticos e as emoções. Se as emoções não forem suficientemente fortes, a modificação progressiva dos pensamentos automáticos por meio do raciocínio socrático (*ver p. 75*) irá permitir com que se alterem as emoções.

Pensamentos automáticos

O método consiste em escrever os pensamentos automáticos que ocorrem em função de determinados estressores e emoções. Num primeiro momento, é mais fácil realizar este exercício depois de tudo ter acontecido, afinal, basta pensar na situação em questão (ou nas várias) que se viveu no passado e tudo retorna.

As questões a seguir são úteis para determinar os pensamentos automáticos e suas conseqüências:

1. Como eu me sinto nesta situação?
2. O que se passa em minha mente?
3. Se eu continuar a pensar desta maneira, como vou me sentir daqui a dez minutos?

A "Tabela de Cinco Colunas" (*ver p. 74*), inspirada na Terapia Cognitiva de A. T. Beck, facilitará a auto-análise:

1. A primeira coluna corresponde aos estressores, ou seja, às situações desencadeadoras. O simples fato de pensar num acontecimento ou situação basta para provocar determinadas emoções, daí a corrente de idéias ou imagens dispostas nessa coluna.
2. A segunda coluna relaciona as emoções experimentadas e a avaliação subjetiva de sua intensidade, numa escala de 0 a 10. A nota 0 será dada àquelas consideradas mais fracas e a nota 10, às que forem as mais fortes.
3. A terceira coluna compreende os pensamentos automáticos. Uma escala de 0 a 10 serve para dar nota aos pensamentos em que mais se acredita. A nota 0 será dada aos pensamentos automáticos em que a própria pessoa não acredita e a nota 10, àqueles em que acredita piamente.
4. A quarta coluna se destina ao comportamento e à avaliação da eficácia desses pensamentos automáticos, também numa escala de 0 a 10.
5. Enfim, a última coluna avalia as conseqüências e o fato de serem ou não desejáveis, sempre numa escala de 0 a 10.

É possível classificar os pensamentos automáticos em três categorias: pensamentos sobre si mesmo, sobre os outros e sobre o futuro, o que facilita a análise dos mesmos.

Algumas anotações sobre o trabalho de alguns dias já dão uma boa idéia da própria "identidade cognitiva", ou seja, elas ajudam a identificar hábitos mentais e suas relações com as emoções e pensamentos que causam problemas. A simples observação já produz um impacto: a tomada de consciência do que acontece na própria mente permite aumentar o controle das situações e assim diminuir o estresse.

Modificar pensamentos automáticos

Uma vez identificados os pensamentos automáticos, deve-se analisá-los e questionar a sua validade utilizando a lógica e o bom senso. O objetivo é modificá-los para se obter maior controle sobre ações e emoções, o que pode ser feito com o auxílio das seguintes questões:

1. Se eu avaliar o grau de credibilidade que atribuo aos meus próprios pensamentos, numa escala de 0 a 10 – 0 se não creio neles e 10 se creio totalmente, considerando também os níveis intermediários – que nota eu daria para mim mesmo?
2. Se o grau de credibilidade que atribuo aos meus próprios pensamentos não é de 10/10, o que acontece?
3. Meus pensamentos são um fato preciso ou uma interpretação dos fatos?
4. Existe uma alternativa para cada um de meus pensamentos e qual é a probabilidade real de cada uma dessas alternativas?
5. Eu teria o mesmo raciocínio em relação aos outros? Ao me julgar, será que estou sendo muito severo comigo mesmo? Será que agiria assim ao julgar outra pessoa?

DICA

Tire um tempo para colocar em prática um pensamento mais realista, em que você acredite 100%. Mas não tente se convencer por um não-realista: dizer que tudo vai bem quando vai mal não é eficaz. Assim, você estará apenas tratando de maneira simplista um modo exageradamente pessimista ou estressante de ver as coisas.

Os pensamentos automáticos de João Marcos:

O caso de João Marcos (*ver p. 34*), analisado agora com o auxílio da "Tabela de Cinco Colunas", permite constatar o seguinte:

Tabela de Cinco Colunas

Situações ou corrente de idéias ou de imagens que provocam emoções	Emoções (Intensidade de 0 a 10)	Pensamentos automáticos (Crença de 0 a 10)	Comportamentos (Eficácia de 0 a 10)	Conseqüências (Desejáveis de 0 a 10)
Financiamento da casa, créditos e contratos	Angústia 7/10 Irritabilidade 5/10 Fadiga 6/10	Espero que meu trabalho dê resultados! (Medo de não cumprir a meta de vendas) 6/10	Esforço-me cada vez mais, fico nervoso 7/10	Visitar mais clientes 7/10

Resultado: o fato de João Marcos pensar em suas dívidas provoca um pico emocional marcado pela angústia. Essa angústia tem estreita relação com o fato dele não acreditar que poderá ganhar dinheiro suficiente. Como conseqüência disso tudo há um aumento da atividade (visitar mais clientes) e da fadiga que isso provocará. João Marcos utiliza o estresse para trabalhar mais. Mas, trabalhando mais, o estresse aumenta!

MITO

"Identificar as idéias que me passam pela cabeça? Eu nunca conseguiria, seria impossível: estou sempre pensando em milhares de coisas ao mesmo tempo."

Realidade: Os pensamentos automáticos são, de fato, quase sempre os mesmos e retornam incessantemente. Ao modificar cinco ou seis tipos de pensamentos, é possível alterar grande parte da própria "paisagem" mental e emocional.

A lista de questões que ajudam a identificar os pensamentos automáticos certamente é longa, já que cada uma delas busca colocar esses pensamentos "no microscópio", a fim de examinar sua validade e possíveis alternativas. Esse procedimento faz parte de um método de auto-análise conhecido por "raciocínio socrático". Como o próprio nome indica, foi criado pelo célebre filósofo Sócrates e tem sua validade comprovada há mais de 2.500 anos.

Para colocá-lo em prática, é preciso avaliar a própria crença no pensamento modificado e em seu impacto sobre emoções, comportamentos e conseqüências, a fim de se fazer uma "coleta" útil e necessária ao questionário.

A utilização da "Tabela de Seis Colunas" (*ver p. 77*) facilita o teste que, se repetido com freqüência, permite alcançar os mesmos resultados do teste do relaxamento imediato, na medida em que cria um novo hábito mental, mais realista e vantajoso.

Existe um outro método para a tomada de consciência e modificação dos pensamentos automáticos que é igualmente útil: a determinação e retificação dos processos de pensamento, ou seja, a alteração das regras com as quais um indivíduo processa a informação que recebe, maneira essa que nunca é neutra e está sujeita a hábitos próprios.

Cada pensamento revela um modo todo próprio de perceber os eventos da vida, o que, em linguagem científica, é o mesmo que dizer que o cérebro processa a informação em função de uma idéia pré-concebida. Em outras palavras, cada um percebe o que espera e prefere perceber e não as coisas como elas realmente são.

Essa "preferência" recebe o nome de "processo" e revela como a informação é tratada em função das expectativas do próprio indivíduo. É preciso ter em conta, portanto, que nenhuma situação ou evento é percebido tal como se apresenta, mas sempre em função do que o indivíduo espera e consegue ver.

João Marcos e o raciocínio socrático

O PENSAMENTO AUTOMÁTICO DE JOÃO MARCOS SE MANIFESTA QUANDO ELE DIZ:

"Espero que meu trabalhe dê resultados" (frase que indica o medo de não alcançar a metas de vendas).
A credibilidade que o próprio João Marcos atribui a esse pensamento – o risco de não alcançar as metas de vendas – é de 6/10.
O método das questões aponta para o seguinte resultado:

Questão: "Se o grau de credibilidade que atribuo aos meus próprios pensamentos não é de 10/10, o que acontece?"
Resposta: "Os negócios são instáveis e os clientes podem me prejudicar"

Questão: "Meus pensamentos são um fato preciso ou uma interpretação dos fatos?"
Resposta: "É um temor, mas não um fato"

Questão: "Existe uma alternativa para cada um de meus pensamentos e qual é a probabilidade real de cada uma dessas alternativas?"

Respostas:
1. "Eu vou conseguir alcançar minhas metas": 8/10.
2. "Se eu não alcançar minhas metas, tenho uma margem de manobra e posso compensar": 10/10.
3. "Se eu ficar doente, tenho uma reserva que me permitirá enfrentar o problema, mesmo que isso seja duro": 9/10.

Questão: "Eu pensaria o mesmo em relação aos outros? Ao me julgar, será que estou sendo muito severo comigo mesmo? Será que agiria assim ao julgar outra pessoa?"
Resposta: "Eu penso que qualquer outra pessoa que enfrente esta mesma situação não deverá ter tanta preocupação".

A "Tabela de Seis Colunas" resume a reestruturação cognitiva e permite avaliar o resultado alcançado.

Tabela de Seis Colunas

Situação ou corrente de idéias ou imagens que provocam emoções	Emoções (Intensidade de 0 a 10)	Pensamentos automáticos (Crença de 0 a 10)	Pensamentos modificados (Crença de 0 a 10)	Comportamentos (Eficácia de 0 a 10)	Conseqüências (Desejáveis de 0 a 10)
Financiamento da casa, crédito e contratos	Angústia 7/10 Irritabilidade 5/10 Fadiga 6/10	Espero que meu trabalho dê resultado! (Medo de não cumprir a meta de vendas) 6/10	Acho que poderia realizar as vendas como de hábito. Caso contrário, tenho uma boa margem de manobra. 9/10	Eu me dedico ao trabalho com mais calma. Eu me sinto mais seguro. 9/10	Mais calmo, menos cansado Melhores resultados 9/10

Ao trabalhar dessa maneira e com regularidade sobre os pensamentos automáticos, João Marcos modificou significativamente sua maneira de pensar: ele agora mostra menos preocupação em relação a seu próprio futuro, sente-se mais calmo e eficaz.

Ao trabalhar dessa maneira e com regularidade sobre os pensamentos automáticos, João Marcos modificou significativamente sua maneira de pensar: ele agora mostra menos preocupação em relação a seu próprio futuro, sente-se mais calmo e eficaz.

Distorções no tratamento da informação costumam ser regra, o que pode gerar pesadas conseqüências. Um marido ciumento, por exemplo, vai ter dúvidas e tenderá a fazer uma interpretação errada dos fatos toda vez que um homem dirigir a palavra a sua esposa, toda vez que ela sorrir ou prestar atenção em outro homem. Ele então pensará: "esse sujeito quer a minha mulher!", "ela está gostando disso", ou coisa pior.

Nesse caso, o marido ciumento faz uma abstração seletiva, ele processa as informações isoladas do contexto e somente em função do fato de acreditar que será traído.

Processos de distorção

Existem vários processos de distorção, que serão apresentados a seguir.

A conclusão arbitrária

Trata-se de uma conclusão sem prova. De modo geral, todas as distorções de percepção e de interpretação são conclusões arbitrárias, mas cada uma delas carrega características próprias. Essas conclusões são freqüentemente previsões negativas, que se assemelham a frases como "isto não vai dar certo!". É o chamado efeito "bola de cristal", mas que só prevê o pior.

Incluem-se aqui também a certeza do que o "outro pensa de mim e de meu comportamento", e que se revela por meio de frases como: "eles me acham idiota". Esse efeito é denominado "telepatia", já que funciona como se o indivíduo fosse capaz de ler a mente das outras pessoas.

A abstração seletiva

É uma concluão arbitrária toda própria e que consiste, considerando o exemplo do marido ciumento, em isolar uma informação de seu contexto para extrair uma conclusão – uma conclusão, aliás, que agrava o estresse. Se uma pessoa teme um juízo negativo por parte de seus colegas, atribuirá mais importância a pequenos fatos, como a ausência de um sorriso ou um tom de voz especial – muito mais do que se não temesse nada.

MITO

"Aquilo que penso deve ser verdadeiro!"

Realidade: Provavelmente mentimos primeiro para nós mesmos. Um motorista preso num engarrafamento, por exemplo, poderá dizer: "mas não é possível! Eu realmente não tenho sorte, tudo acontece comigo!". Contudo, nesse mesmo momento, ele certamente não é o único a experimentar essa sensação. Seu pensamento é afetado pela emoção e serve para alimentar a raiva ou o despeito. Nesse caso, a exemplo dele, é comum a qualquer um não perceber os fatos como realmente acontecem, mas conforme:

- as próprias idéias preconcebidas e temores;
- as próprias expectativas;
- as próprias percepções.

A minimização e a maximização

Trata-se de erros freqüentes de avaliação dos outros e do próprio "eu". De modo geral, uma pessoa estressada tende a minimizar o sucesso e a maximizar o fracasso. Ela pode, por exemplo, dizer: "não conduzi meu encontro de negócios corretamente, vou certamente perder o cliente. Com certeza, neste momento eu não estou sendo suficientemente bom". E depois acrescentar:

"minhas contas aumentaram neste mês, mas isso é normal, estou certo de que no mês que vem vou conseguir pagar isso. Isso não pode durar".

Esses dois exemplos ilustram uma minimização das competências pessoais e uma maximização dos problemas. Trata-se também de uma generalização exagerada e de uma personalização do problema, conceitos que serão melhor explorados mais adiante.

Esses pensamentos também podem se referir a outras pessoas e, nesse caso, tende-se a minimizar o sucesso do que foi bem feito ("quando é bom, é normal. Falo somente sobre o que não dá certo") e a maximizar os erros e imperfeições. O risco consiste em obter um resultado inverso daquele que é desejado. Pessoas que nunca são encorajadas no trabalho ou raramente o são podem se desmotivar e dizer: "de qualquer maneira, ele nunca está satisfeito! Não vale a pena me esforçar!"

A generalização exagerada

É quando a pessoa tira conclusões exageradas de um fato que viveu, repetindo frases como "eu fui mal no exame, sou mesmo um fracasso!".

A personalização

Ocorre quando o indivíduo associa com ele tudo o que acontece a seu redor. É freqüente, nesse caso, que ele se sinta responsável por tudo: "se o projeto não for concluído, a culpa é minha".

O pensamento dicotômico

É o pensamento do tipo "ou tudo ou nada": "tudo o que faço deve ser perfeito". Toda pessoa usa, com maior ou menor freqüência, um desses processos. Com um pouco de exercício, é possível descobrir o próprio estilo e procurar a razão por que esses processos agravam o estresse. Só a partir dessa análise é possível modificá-los. Por exemplo, se uma pessoa tende a um excesso de personalização, talvez se interesse em avaliar a responsabilidade dos outros num determinado acontecimento e a aprender a lhes delegar algumas tarefas.

Análise dos processos de distorção

Conclusões arbitrárias

Para se tirar a "prova", é importante responder às seguintes questões:

1. Quais são os elementos que provam o que eu digo a mim mesmo? Existem argumentos contra minha hipótese?
2. Será que estou olhando dentro da "bola de cristal" negativa?

3. Será que aquilo que eu penso que os outros pensam de mim realmente é um fato ou é uma interpretação?

Abstração seletiva

É a abstração que pode ser corrigida colocando os eventos em seu contexto e, depois, procurando alternativas para as interpretações habituais. Por exemplo: se uma pessoa está de mau humor, nesse caso, não há por que pensar que esse mau humor está necessariamente relacionado a si: a pessoa pode ter se irritado, estar preocupada por alguma coisa ou simplesmente ter "acordado com o pé esquerdo".

Minimização e maximização

Para solucionar a minimização de sucessos e maximização de fracassos é interessante inverter as afirmações. Pequenas frases do tipo: "eu poderia fazer melhor" e "ainda não está bom" escondem uma minimização a ser combatida e transformada, através de um reforço. Reforço é o termo científico que designa a estimulação causada por um comportamento, quando ele gera bons resultados e conseqüências.

A maximização de problemas ou erros tem geralmente um efeito paralisante devido ao desencorajamento que provoca, o que é prejudicial para o processo de aprendizado, já que é impossível fazer algo antes mesmo de aprender a fazê-lo, antes de acertar e errar. Saber tirar proveito dos próprios fracassos e erros é saber utilizá-los melhor no futuro. O método consiste, então, em analisar erros e fracassos de maneira objetiva em vez de apenas "sofrer por eles", o que, ao final, permite aprender muito mais: vencer é agradável, mas ensina pouco; perder é desagradável, mas pode ser mais proveitoso. Isso torna a pessoa bem menos vulnerável e mais apta a reagir.

Quando minimização e maximização dizem respeito à maneira pela qual se percebe o comportamento alheio, elas agem de maneira similar. É interessante se perguntar se o fato de criticar nos outros o que não vai bem e não elogiar o que vai bem é realmente proveitoso. Os efeitos mais nocivos das críticas, na maior parte das vezes, levam ao desencorajamento e ao medo, o que pode diminuir a eficácia do outro.

Aprender a estimular os outros e os resultados que alcançam permite que as críticas sejam mais construtivas e eficazes. Um bom ambiente de trabalho não resulta de um simples "deixar acontecer", mas do investimento e estímulo a serem feitos em cada profissional, o que pode, inclusive, contribuir para aumentar a produtividade de todos.

MITO

"Estar insatisfeito é um tipo de força motriz para o sucesso. Porque se estou contente comigo mesmo ou com os outros, eu não tenho por que querer progredir mais."

Realidade: Estar contente consigo mesmo e com os outros é um grande motivo para querer progredir: é preciso regar o que se quer ver florescer. Se eu "regar" a insatifação, será a insatisfação que irá brotar e crescer.

A generalização exagerada

Pensamentos do tipo "tudo vai mal!" ou "nada está bom" correspondem freqüentemente a uma generalização exagerada. Conclusões gerais são, no entanto, extraídas de eventos particulares. Se cada erro ou fracasso desencadeasse uma auto-análise completa, é bem provável que o bem-estar e a eficácia seriam mais facilmente alcançados, haveria uma forma mais realista de ver as coisas.

Questões como "qual é exatamente o problema?", "quais as conseqüências" ou "será que se trata de uma impressão pessoal ou de um fato concreto?" permitem entender melhor qualquer situação.

A personalização

Surge freqüentemente quando alguém se culpa ou não delega tarefas. Nesse caso, são comuns frases como "se o projeto está parado, a culpa é minha!", "sempre tenho que verificar tudo!", "sem mim a empresa entra em colapso!", "eu preciso fazer com que as crianças estudem mais. Se eles têm notas ruins, a culpa é minha".

Aqui, a técnica consiste em rever as responsabilidades e deveres de maneira mais realista, introduzindo novas questões como: "sou eu o único responsável?", "tenho tendência a achar tudo, pessoas e coisas, como um fardo?".

O pensamento dicotômico

É um dos mais disseminados, já que muitas pessoas encaram a vida sob a forma do "tudo ou nada". Trata-se de um hábito bastante comum que muita gente traduz pela expressão "é oito ou oitenta", com inúmeras variações como, por exemplo, a frase "ou sou totalmente livre para fazer o que quero ou não vou fazer nada". A questão mais importante é saber qual o custo dessa visão excludente, já que ela diminui a margem de manobras essenciais para se estabelecer bons relacionamentos tanto na vida pessoal quanto profissional.

Nem todos os processos de pensamento são mal adaptados ou exigem trabalho de modificação, porém, é fundamental identificar quais deles são empregados com mais freqüência, em que condições são vantajosos ou não e se exigem um custo muito alto. Só no caso de terem um alto custo para os relacionamentos – quando são muito freqüentes ou rígidos demais, por exemplo – será interessante modificá-los, uma vez que mal adaptados se tornam fonte de estresse.

MÔNICA: GENERALIZAÇÕES EXAGERADAS

Mônica é telefonista de uma grande empresa. Ela tem dois filhos em idade escolar, é responsável pelo trabalho doméstico e pode contar pouco com o marido, que vive ausente. Análises Funcionais do Círculo Vicioso de Mônica, reproduzidos a seguir, trouxeram à tona pensamentos automáticos relacionados com emoções, comportamentos e conseqüências.

Primeira situação

Situação desencadeadora: Críticas da colega: "você está sempre atrasada"

O que eu penso:
"Estou farta. Ela nunca está satisfeita".

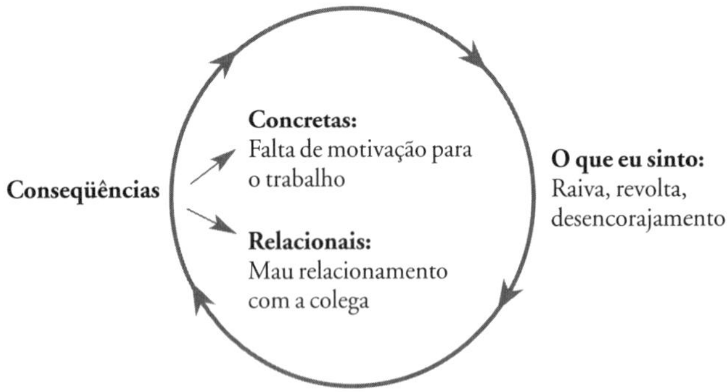

O que eu faço ou tendo a fazer: Eu me aborreço

Na primeira situação, o pensamento automático é: "eu estou farta, ela nunca está satisfeita".

Se o pensamento é contextualizado na situação habitual, se trata de uma generalização exagerada. A colega de Mônica apresenta um humor inconstante, mas na maior parte do tempo ela é uma companhia agradável.

Segunda situação

Situação desencadeadora: Excesso de chamadas telefônicas

O que eu penso:
"É impossível trabalhar assim, as pessoas não se tocam, não darei conta".

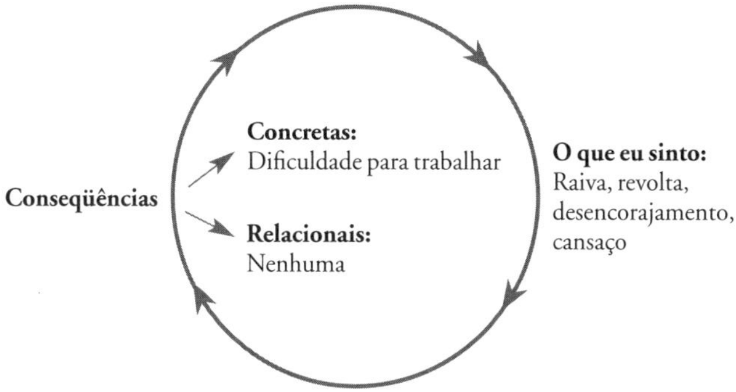

O que eu faço ou tendo a fazer: Eu me esforço para tentar ser gentil e cortês.

A segunda situação corresponde a: "é impossível trabalhar assim, as pessoas não se tocam, não darei conta". "É impossível trabalhar assim" corresponde a um pensamento dicotômico (tudo ou nada). "As pessoas não se tocam" corresponde a uma generalização exagerada. "Não darei conta" corresponde a uma conclusão arbitrária do tipo "bola de cristal".

Mônica modificou progressivamente seus processos mentais:

1. Ao passar as conclusões arbitrárias pelo crivo da realidade concreta. Por exemplo: "eu nunca acabarei" passou a ser "seja como for, nada está completamente terminado. Mas como geralmente me preocupo demais com as coisas que tenho de fazer, é melhor me acalmar!".
2. Substituindo o geral pelo específico. Por exemplo: "estou farta! Ela nunca está contente!" passou a ser "eu generalizo demais... Beatriz é geralmente simpática".
3. Para as personalizações, minimizando sua própria responsabilidade em relação às tarefas a cumprir. Por exemplo: "seria melhor parar de trabalhar para me ocupar deles" passou a ser "parar de trabalhar provocaria muitos problemas materiais e me frustraria. É normal que crianças não gostem de estudar e prefiram brincar, basta insistir um pouco em vez de ajudá-los sempre. Por outro lado, o resultado escolar deles não é tão ruim".

O hábito de identificar os processos prejudiciais e de corrigi-los estabeleceu-se em alguns meses e melhorou consideravelmente o estado de estresse. Mônica também praticou regularmente o relaxamento imediato. Tornou-se mais calma. Ela utiliza sua energia para solucionar melhor os problemas da vida.

RESUMO

Reestruturação Cognitiva

O modo como um indivíduo organiza seu pensamento, percebe as coisas, a si mesmo, os outros e o próprio futuro desempenha um papel decisivo na produção de estresse. Tomar consciência dos próprios pensamentos automáticos e aprender a modificá-los de maneira realista, permite romper o círculo vicioso das emoções e pensamentos a fim de preparar melhor as ações. O método socrático aplicado constantemente aos pensamentos automáticos é um excelente meio para atingir esse objetivo, assim como para modificar os processos cognitivos subjacentes. A isso se dá o nome de Reestruturação Cognitiva, método inspirado na terapia cognitiva proposta pelo professor A. T. Beck, da Universidade da Filadélfia, dos Estados Unidos.

O método da Reestruturação Cognitiva

Identifique uma situação estressante, de preferência uma não muito difícil, para começar o exercício.

A - Imagine a situação tal como se você a tivesse vivido.
1. Quais são suas emoções e reações físicas?
2. O que passa por sua mente?
3. Quais comportamentos você tende a adotar?
4. Quais são as conseqüências prováveis?

B - Utilize a Tabela de Seis Colunas ou um Círculo Vicioso e copie suas observações.
1. Qual é a intensidade de suas emoções numa escala de 0 a 10?
2. Em que grau, numa escala de 0 a 10, você crê em seus pensamentos?
3. Qual é a eficácia, de 0 a 10, do comportamento que você emprega?
4. Quais são os principais processos mentais que você emprega?

C - Utilize a Tabela de Seis Colunas e com o auxílio das questões seguintes; construa um pensamento modificado.
1. Se minha crença não é 10/10, por que razão?
2. Meus pensamentos são um fato preciso ou uma interpretação dos fatos?
3. Existe uma alternativa para cada um de meus pensamentos? Qual a probabilidade real de cada alternativa?
4. Eu teria o mesmo raciocínio em relação a outra pessoa? Será que não me julgo mais severamente do que o faria em relação aos outros?

Enfim, avalie o impacto emocional de seu trabalho, assim como a eficácia do novo comportamento que você adotará.

D - Recomece o exercício o mais rapidamente possível, mas sem intenção de ter a melhor performance. A repetição freqüente valerá o esforço!

E - Se você encontrar dificuldades, pergunte-se:
1. Não estou indo muito rápido, não estou apressado demais?
2. Tenho feito uso suficiente do relaxamento imediato a fim de obter um nível emocional bastante baixo para trabalhar meus pensamentos?

Capítulo 5

SER POSITIVO

Quando imersas no ritmo cotidiano, as pessoas prestam mais atenção no que ainda falta fazer do que no que já está feito, daí predominar no dia-a-dia o sentimento de urgência. O resultado é a produção de mais estresse, porque não se leva em conta a conquista de já se ter concluído parte das tarefas: o que falta ser feito é mais importante!

Desde os anos 1960, vários estudos vêm demonstrando a importância de valorizar o que foi bem sucedido em lugar do que não deu certo. Ao se concentrar nos fracassos, o hábito de "nunca estar satisfeito" se instala, gerando sofrimentos em relação a si próprio e aos outros. O resultado é o aumento do estresse, da desmotivação e do sentimento de insatisfação.

Em vez de se perguntar "por que não está funcionando?" seria menos doloroso e mais proveitoso se questionar "por que está funcionando?". Habituar-se a reforçar a própria auto-estima dessa maneira diminui as tensões, atenua a urgência e possibilita melhores reações.

Existem vários métodos desse tipo de reforço: em cada um, trata-se de "ver positivamente" um elemento realista e preciso. Mas é necessário, porém, desconfiar de auto-elogios exagerados ou desproporcionais em relação a uma dada tarefa já realizada (embora isso provoque poucas conseqüências negativas) ou de reforços mais gerais e vagos do que específicos.

Por exemplo: um auto-elogio exagerado de uma secretária que redige diariamente a correspondência da empresa poderia ser: "estou muito satisfeita de ter escrito esta carta". Nesse caso, trata-se de uma auto-satisfação desproporcional. As conseqüências prejudiciais persistem, apesar de reduzidas. Se a secretária em questão dissesse: "as cartas que diariamente escrevo são bobas e estou farta disso", seria pior, pois o risco aí não reside na auto-satisfação, mas na insatisfação.

Para reforçar a própria auto-estima nesse caso, seria melhor dizer simplesmente: "mais uma carta bem feita, estou aprendendo a escrever". Pequenas frases desse tipo não causam mal e nem impedem o esforço de melhorar o desempenho.

Um elogio geral e vago poderia ser: "tudo é excelente em meu trabalho". Em primeiro lugar, esta opinião provavelmente não é verdadeira. Além disso, nada leva a crer que tal elogio seja eficaz quando uma dificuldade surgir. É preferível observar o que há de positivo numa determinada atividade ou em seus resultados. Por exemplo, uma pessoa pode dizer a si mesma: "você se saiu muito bem com o chefe. Parabéns, o projeto acabará sendo aprovado".

Nesse caso, muito mais interessante é se convencer do que foi positivo: "eu consegui ser natural, falar claramente sem embaralhar os pensamentos e escutar quando necessário. Meu chefe pôde ver que domino o assunto e penso que tudo correu bem". Aí, a exatidão melhora muito o impacto do reforço.

Os principais mecanismos de reforço são apresentados a seguir.

Fazer um balanço positivo das ações

Depois de resolver cada problema e ação, é recomendável se habituar a elaborar um balanço dos resultados positivos. Ainda que algo tenha ido mal, que tenha ocorrido algum fracasso, é preciso tirar disso algum proveito: o aprendizado acontece sempre através de tentativas e erros e, certamente, todos se tornam melhor com a experiência.

Seria danoso não extrair lições das experiências para melhorar o próprio desempenho futuro. E mais: é importante lembrar que a desmotivação implica o risco de paralisar o processo, o que é sempre prejudicial para a administração do estresse.

O balanço positivo diante de mudanças

Quando alguém se sente insatisfeito em relação a uma situação e quando uma mudança de direção se faz necessária (por exemplo, mudar de trabalho, de moradia ou até de parceiro):

- é útil fazer uma lista de tudo o que está dando resultado e que gera satisfação para si mesmo e para os outros;
- é inútil tentar "convencer-se" de que tudo vai mal, pois as mudanças mais proveitosas se constroem sobre o que é positivo e não sobre o que é negativo;
- é importante se dar o direito de seguir a própria expectativa de mudança sem menosprezar o que se deixou para trás, a fim de evitar o arrependimento e o estresse.

PONDERAR CONSEQÜÊNCIAS

É comum as pessoas maximizarem as conseqüências negativas e minimizarem as conseqüências positivas das próprias ações. A realidade concreta já é suficiente, aliás, ela é bem menos desagradável do que os fantasmas e as previsões negativas de cada um. Por isso, é preferível encarar as coisas como elas realmente são do que descrevê-las e interpretá-las de maneira pessimista ou otimista.

FICAR SATISFEITO COM OBJETIVOS ALCANÇADOS

Os objetivos são, em geral, alcançados e, muitas vezes, superados. Mesmo assim, é comum as pessoas continuarem insatisfeitas, dizendo que "poderia ter sido melhor". O excesso de perfeccionismo diminui a eficácia e causa desmotivação. O estresse aumenta na medida em que um indivíduo não sabe aproveitar o "resultado".

Identificar os próprios pensamentos negativos automáticos com auxílio dos métodos descritos anteriormente, substituindo-os por pensamentos mais realistas é um ótimo procedimento. Nesse caso, é importante ter consciência dos pensamentos radicais do tipo "ou tudo ou nada": "se algo não está perfeito, o resultado não é bom!", ou "exclusivistas" "quando estou estressado, fico mais ativo e eficaz; se me acalmar vou perder o jeito".

Para os pensamentos do tipo "ou tudo ou nada", convém sempre se perguntar se isso é uma opinião pessoal ou um fato real. É comum as pessoas tornarem reais as próprias impressões e deixarem de verificar se o raciocínio em questão corresponde à realidade dos fatos. E as coisas imperfeitas não perdem obrigatoriamente o valor: mesmo as grandiosas pirâmides do Egito não são perfeitas.

Para os pensamentos exclusivistas, o método consiste em se perguntar se uma proposição realmente exclui a outra. Pode-se perguntar, por exemplo, se a sensação de repouso e calma é realmente tão impeditiva, ou, ao contrário, se a calma não é uma condição necessária para se manter ativo e tirar proveito do lado positivo do estresse. Não é contraditório desejar a calma e a eficácia ao mesmo tempo. Ao contrário, trata-se de uma visão complementar.

FAZER BALANÇOS POSITIVOS

O dia pode ser considerado como uma unidade de tempo da vida: tem começo, meio e fim e é pontuado por refeições, reuniões, incluindo a alternância entre atividades diferentes e repetitivas.

É muito importante fazer de cada dia uma "pequena vida" e tirar o máximo de proveito, de todas as coisas que ocorrem, sejam pequenas ou grandes. Como as pessoas tendem a se voltar para os problemas e coisas desagradáveis, todos os "aspectos positivos" são esquecidos e os "resultados" simplesmente parecem não acontecer. Pensando de modo negativo, um agricultor poderia se perguntar "afinal, de que serve semear"?

É óbvio que não passaria pela cabeça desse agricultor não ceifar o trigo após tanto trabalho para cultivá-lo. Mas é exatamente isso que as pessoas fazem ao não tirar proveito de cada dia: deixam de colher o que plantaram. Esse "mau hábito" de pensar somente nas dificuldades, nos riscos, antecipando problemas futuros, torna a vida insuportável. Além disso, acelera consideravelmente o tempo subjetivo: "o tempo passa muito rápido", "nem percebi que envelheci", "não vi meus filhos crescerem" são frases que as pessoas estão cada vez mais acostumadas a dizer e a escutar.

Aprender a preencher o próprio dia, tirar dele o maior proveito e fazer balanços positivos não diminui em nada a eficácia no trabalho, mas melhora significativamente a qualidade de vida. É interessante utilizar o método do Agendamento (*ver p. 97*), organizando as atividades em função das cotas agradáveis do dia.

Trata-se de programar um dia após o outro, momentos agradáveis ou interessantes, ligados ou não à atividade profissional. Não se deve hesitar em anotar na agenda coisas "banais", que poderiam passar despercebidas e nas quais é comum não se pensar, como contemplar um quadro na parede do escritório, observar crianças brincando, aproveitar o trajeto de volta para casa escutando música, conversar com um colega, telefonar para a família, fazer um exercício de relaxamento imediato, admirar o pôr- do-sol e a paisagem da própria cidade ou visitar um monumento que é um famoso ponto turístico das imediações mas que nunca se tinha tido tempo para observar.

Durante o dia, é importante reforçar todos os bons momentos, todos os bons resultados obtidos. Ao fim do dia, retomar a agenda de modo a fazer um balanço positivo. É sempre um momento de descanso, quase sempre melhor que as atividades "automáticas" como ver televisão, adiar a hora de dormir ou ruminar sobre o amanhã. Portanto, já é tempo de colocar a agenda de amanhã no ponto. Ao se adquirir esse hábito, as pessoas se surpreendem com pequenos momentos de felicidade que influenciam positivamente a vida pessoal e profissional.

MARIA: UM FINAL FELIZ

Maria é secretária e em seu trabalho, quase tudo é urgente, "para ontem": o que importa é aquilo que ela ainda não fez. Ela encara seu trabalho pelas dificuldades, erros e pelo que resta a ser feito. Sua vida profissional costuma receber dela própria mais críticas do que elogios. Após alguns anos de serviço, Maria se sente tensa diariamente e tem uma sensação de "vazio" nessa atividade mecânica: de que serve trabalhar tanto, se nunca se satisfaz nem aos outros?

Num primeiro momento, é possível verificar a quantidade de trabalho diário de Maria e os resultados obtidos, com o auxílio de duas colunas: uma coluna "positiva" e uma coluna "negativa". A coluna positiva foi mais rapidamente preenchida do que a negativa. Maria pôde observar, então, que nunca realmente se satisfizera com o que tinha feito. Ela nunca colhia os frutos do trabalho: apenas voltava sua atenção para o que ainda tinha de ser feito. Tudo isso explica sua atual desmotivação. Num segundo momento, ao se retomar algumas das tarefas já realizadas, adicionou-se um reforço realista para o sucesso. Muito rapidamente, Maria pôde então rever aquilo que acreditava sobre sua "auto-satisfação", para enfim se dar conta que elogiar as coisas bem feitas que fazia melhorava bastante seu conforto no trabalho. A partir daí, ela passou a reforçar a auto-estima de seus colegas de trabalho e após alguns meses, constatou que todo o ambiente do escritório havia mudado. Hoje, ela está feliz com seu trabalho.

SABER ESTIMULAR OS OUTROS

Existe na cultura ocidental o hábito de as pessoas serem pessimistas, com tendência a criticar nos outros e em si mesmo o que não dá certo e não funciona. O fato é que se elas olhassem mais para o que dá certo, conseguiriam mais eficácia das ações e um melhor ambiente relacional, em todos os campos da vida: afetivo, profissional, familiar e das amizades.

Numa equipe ou escritório, uma única pessoa bem treinada em valorizar as ações dos outros pode modificar consideravelmente o "clima relacional" e tornar o trabalho muito mais agradável e produtivo para todos.

Como fazer isso? É necessário antes de tudo ter em conta um fato muito curioso e significativo: fazer elogios costuma estimular a desconfiança da pessoa que é alvo desses elogios e a tendência espontânea dela será recusá-los ou minimizá-los.

Em contrapartida, isso não deve desencorajar quem elogia, afinal, criticar é um hábito cultural arraigado, já que as pessoas estão mais acostumadas a criticar e serem criticadas do que elogiadas.

SÍLVIA: ELOGIOS COLOCADOS EM DÚVIDA

Sílvia: "Achei excelente sua exposição sobre o andamento do projeto das exportações."
Geraldo: [Por que ela está dizendo isso? Que estranho!] "Ah, você sabe, não era assim tão difícil! Não precisa exagerar!"
Sílvia: [Ele nunca está satisfeito!]

No exemplo acima, Sílvia elogia Geraldo por um trabalho. Entre colchetes está escrito o que cada um pensa da situação, embora não diga o que está realmente pensando. Geraldo minimiza o elogio de Sílvia, o que certamente não a encoraja a insistir ou a recomeçar. Para contornar esse tipo de dificuldade, é importante:

1. Fazer apenas elogios completamente autênticos e realistas: "digo somente o que realmente penso".
2. Levar em conta a atitude do interlocutor em relação a elogios. Se ele é desconfiado, a maneira de como elogiar é essencial, por isso, deve-se respeitar os princípios de afirmação do "eu":
   - pedir permissão: "posso lhe fazer um elogio?";
   - revelar o "eu": "você sabe que o que lhe direi é o que realmente penso";
   - verbalizar o elogio de modo preciso e direto;
   - insistir se necessário;
   - concluir de modo caloroso;
3. Saber de que maneira insistir e continuar a reforçá-la até que se adquira um novo hábito.

A seguir um exemplo de como é importante saber estimular os outros:

NATÁLIA: UMA BOA COMPANHIA

Natália adora as pessoas. Auxiliar de enfermagem, ela está sempre em contato com muita gente: doentes, enfermeiros, médicos, outros auxiliares, religiosos etc. Como é muito gentil e educada, Natália tem sempre "boas palavras" e todos concordam em dizer que, sem ela, o ambiente seria pior, como acontecia há dois anos, antes de sua chegada.

RESUMO

O Reforço

"Criticar é fácil, fazer é difícil!" A cultura ocidental costuma dar mais importância ao que não está funcionando em vez de destacar o que funciona "normalmente". A principal conseqüência disso é reforçar o lado negativo e diminuir o lado positivo de todas as coisas e situações. Numerosos estudos científicos demonstraram que o reforço positivo é sempre eficaz ao favorecer o aprendizado e os resultados positivos de um trabalho, ao passo que críticas negativas e freqüentes aumentam a desmotivação e diminuem as conquistas. "Estimular mais do que temer os resultados": esse método consiste em preparar um balanço positivo do dia e relativizar os objetivos atingidos para se criar uma auto-satisfação que leve a pessoa adiante.

Praticar o reforço da auto-estima

Reveja o dia ou parte do dia que acaba de terminar, atividade por atividade. Avalie em cada atividade o nível de fracasso obtido, numa escala de 0 a 10: 0 se a ação falhou completamente e 10 se o resultado tiver sido muito bom.

1. Se a maior parte das notas é inferior a 6, pergunte-se se você teria uma opinião tão severa em relação a um colega de trabalho de quem você gosta.
2. Em seguida, dê as notas que você atribuiria a seu colega para as mesmas atividades.
3. Retome as atividades cujas notas estão abaixo de 6 e para cada uma delas procure um reforço realista. Repita esse reforço muitas vezes (já que a crítica negativa contém em si mesma o "medo da repetição").

Para cada uma das tarefas, relativize de maneira realista as conseqüências.

1. Será que eu não dramatizo demais?
2. Será que eu não maximizo demais os inconvenientes?
3. Será que eu não minimizo as vantagens?
4. Será que eu não percebo senão aquilo em que creio?
5. Será que não tenho tendência a generalizar o lado negativo?
6. Reforce agora cada resultado positivo, mesmo os menores, a fim de "treinar".
7. Faça um balanço positivo geral do dia que terminou. Releia-o várias vezes.
8. Prepare o dia seguinte programando um melhor aproveitamento dos bons momentos, reforçando todas as atividades.
9. Recomece e faça isso todo dia, até que o hábito se instale. Avalie o resultado geral em termos de eficácia de trabalho e de melhoria da qualidade de vida.
10. Faça esses testes, se possível, por escrito, pois se trata de um aprendizado.

Aprenda a estimular os outros nos diferentes domínios de sua vida:

1. No âmbito familiar:
   - o que você não gostaria de mudar em seu casamento, em seus filhos e pais? Observe as coisas que você aprecia e faça uma lista delas;
   - esteja certo de que cada item desta lista seja "real" e que você sinceramente aprecie aquilo que anotou;
   - comece por verbalizar os elogios que lhe parecem os mais fáceis de serem transmitidos;
   - repita-os se houver necessidade;
   - recomece freqüentemente.
2. Faça o mesmo em relação a seus colegas de trabalho e amigos.
3. Avalie os resultados após um mês de exercício. Você certamente constatará um benefício significativo.

Parte III

COMO AGIR SOBRE O ESTRESSE
TEMPO E DIFICULDADES

Capítulo 6

ADMINISTRAR O TEMPO

Lamentar a falta de tempo é comum quando se está estressado. O tempo passa rápido demais, nunca é suficiente. Por outro lado, paradoxalmente, nessa situação também é comum a pessoa ter a impressão de que está perdendo tempo por mais que tente vencê-lo, ainda mais quando sofre pressão das mais variadas urgências.

Nesses casos, às vezes é bem melhor dar uma parada, repousar ou praticar uma atividade lúdica do que refazer as mesmas coisas de maneira ineficaz. A precipitação, nessas condições, termina por não compensar a tentativa de se ganhar tempo.

É verdade que, muitas vezes, as 24 horas do dia parecem insuficientes para tantos compromissos, por isso procura-se não desperdiçar nenhum minuto sequer. Dizem que o tempo é precioso e quando desperdiçado, não há como recuperá-lo. E também que ele não espera por ninguém e que saber organizá-lo, planejando melhor os dias, são atitudes que melhoraram a qualidade de vida.

Os métodos a seguir permitem administrar bem o tempo – em outras palavras, conseguir obter uma boa relação custo-benefício entre esforço, tempo e resultados.

Agendamento

Trata-se de um método bem simples que consiste em estabelecer, no dia anterior, uma agenda para o dia seguinte, organizada por hora e possível de ser cumprida. Organizando-se dessa maneira, fica mais fácil se despreocupar (ou, como dizem os psicólogos, não se "pré"-ocupar) das tarefas por fazer e aproveitar melhor o tempo presente.

Programar as tarefas da manhã seguinte, por exemplo, faz com que a pessoa não hesite na hora de escolher o que fazer e possa fazer tudo mais rapidamente. A organização do tempo e das tarefas sempre resulta em ganhos positivos, que se traduzem por maior eficácia e menos estresse.

Dois pontos devem, para isso, ser levados em consideração: prever eventuais imprevistos e suas possíveis alternativas: se acontecer um imprevisto em relação àquilo que é prioritário, impedindo-o de ser realizado, o agendamento deverá ser alterado ou mesmo cancelado; as alternativas surgem então como atividades de substituição. Uma ou duas alternativas deverão, portanto, ser previstas para o tempo agendado na véspera. Logo, é útil ter sempre uma ou duas opções disponíveis ao se preparar a agenda.

Os lembretes "Atitude a tomar quando tarefa imprevista e prioritária se apresentar" e "Alternativas de agenda para atividade impossível de ser realizadas" evitam perdas de energia e de tempo em certas circunstâncias.

Antes de fazer o próximo agendamento, é útil avaliar o tempo que foi disponibilizado para certas tarefas e o prazer que elas proporcionaram. É interessante utilizar a escala de 0 a 10 para cada um dos pontos: essa avaliação permite fazer a "colheita do dia", ou, em outras palavras, registrar prioritariamente o que já foi realizado em vez daquilo que ainda não foi feito. Isso costuma fornecer informações bastante úteis para o dia seguinte, já que possibilita "dar preferência às tarefas agradáveis".

O teste "Praticando o Agendamento" (*ver p. 107*) é um bom exercício para adquirir esse hábito.

Mirela: anota hoje o que fará amanhã

Mirela nunca sabia por onde iniciar o dia. Ela fazia muitas coisas ao mesmo tempo, perdia-se, desperdiçava energia demais indo de uma tarefa a outra. Por fim, sempre acabava irritada, já que não conseguia concluir nada.

Foi quando lançou mão do método do Agendamento e passou a preparar, na noite anterior, o dia seguinte, fazendo uma lista de coisas, selecionando-as em função da importância. Ao final do dia, ela pôde, enfim, passar a avaliar a eficiência e o prazer de cumprir cada atividade.

Mirela rapidamente percebeu que, com esse método, passou a ter menos empecilhos para desenvolver suas atividades. Hoje ela se sente bem menos sobrecarregada pelas inúmeras tarefas diárias, ainda mais porque só anota em sua agenda o que é realizável e não tudo que gostaria de fazer. Ela agora leva menos tempo para fazer a agenda do dia seguinte.

Mirela muito em breve não precisará mais fazer o agendamento por escrito todas as noites, como já é de costume, uma vez que o impulso inicial foi dado e o hábito, instalado: as coisas acabam no lugar certo automaticamente e, nos períodos mais difíceis, fazer o agendamento por escrito fará com que esse "mecanismo" entre novamente em ação.

Agenda do dia

6ª feira	Atividades	Eficiência	Prazer
6h45	Levantar, preparar o café da manhã e as roupas das crianças	10/10	3/10
7h	Café da manhã com as crianças	9/10	8/10
7h30	Sair para a escola	7/10	4/10
8h	Voltar para casa, tomar um café	10/10	10/10
8h30	Arrumar as camas e os quartos	10/10	8/10
9h30	Passar aspirador em todo o apartamento	10/10	8/10
10h	Arrumar o banheiro	8/10	5/10
10h30	Começar o almoço	8/10	4/10
11h30	Pegar as crianças na escola	10/10	8/10
12h	Pôr a mesa, almoço	10/10	9/10
13h	Brincar e trabalhar com as crianças	8/10	10/10
13h30	Levar crianças à escola	10/10	3/10
14h	Lavar a louça, arrumar a cozinha	10/10	3/10
14h30	Repouso, assistir TV	10/10	10/10
15h	Passar roupa	8/10	6/10
16h	Pegar as crianças	10/10	10/10
16h30	Lanche	8/10	10/10
17h	Deveres das crianças	7/10	7/10
18h	Preparar o jantar	8/10	6/10
19h	Jantar	8/10	10/10
19h30	Banho das crianças	7/10	6/10
20h	Pôr (as crianças) para dormir	6/10	6/10
20h30	Lavar a louça, preparar a roupa para o dia seguinte	10/10	8/10
21h	Noite com o marido (jogar baralho); se tiver tempo, costurar	10/10	10/10

UMA TAREFA DE CADA VEZ

Quando alguém tem várias tarefas a cumprir, é comum querer realizá-las simultaneamente ou, senão, realizar uma pensando na outra. Na maioria das vezes, o resultado disso é péssimo, pois se perde muito tempo e há um aumento considerável do estresse e da irritabilidade.

Ao se concentrar na atividade em curso, por outro lado, é possível diminuir a precipitação e aumentar a eficácia. Ganha-se tempo e as tarefas passam a ser encaradas com mais serenidade. É fundamental, portanto, incorporar o hábito de fazer "uma única atividade por vez", já que é bastante rentável.

Conscientizar-se

A primeira etapa é tomar consciência dos momentos em que surge a tendência a se fazer várias coisas de uma só vez ou realizar uma atividade pensando em outra. Tomar consciência desses momentos permite que as emoções se equilibrem. Quando as sensações de precipitação, urgência ou nervosismo aparecerem ou se intensificarem, é preciso se perguntar se existe aí uma tentativa de pensar em muitos problemas ao mesmo tempo ou de pensar em tudo o que ainda há para fazer.

A segunda etapa é praticar o relaxamento, utilizando o método apresentado neste livro (*ver p. 58*), que consiste em relaxar por alguns segundos e depois fixar a atenção unicamente na tarefa em curso. Para facilitar a aplicação do método e conseguir maior concentração, é melhor treinar antes. Essa técnica é uma excelente ferramenta de controle do pensamento. E se o pensamento "escapar" de novo, deve-se recomeçar. Só quando a atividade for concluída se deve fazer um balanço. Assim, como é recomendado para outros casos, a repetição e a progressão no grau de dificuldade do exercício são as chaves para se instalar o hábito.

TIAGO: COM A CABEÇA NO LUGAR CERTO

Tiago é encanador e se sentia sufocado pelo excesso de trabalho. Enquanto fazia um conserto pensava em tudo o que ainda o esperava: orçamentos, próxima obra, clientes. E cada vez mais ele assumia várias coisas ao mesmo tempo.
Os sentimentos de urgência e de precipitação estavam sempre presentes, e, com isso, Tiago se tornou irritadiço, e passou a sofrer de insônia.
Após aprender o relaxamento imediato, Tiago começou um treinamento sistemático para se concentrar unicamente na tarefa em curso e rapidamente se deu conta de que assim ganhava tempo e bem-estar. Após três meses de exercícios, fazer "uma coisa de cada vez" se tornou um hábito.

Ao se fazer o teste "Concentração e atenção dirigida" (*ver p. 107*), é possível se preparar para tornar esse método um importante hábito de vida.

MITO

"Se eu ficar satisfeito com o que tenho, vou me contentar com isso e me acomodar."
Realidade: Para ser feliz, é preciso ser capaz de aproveitar o momento presente e não ficar se lamentando sobre o que não se tem. Estar satisfeito não diminui a vontade de se querer mais, nem de lutar para se conquistar mais.

Aqui e agora

Diante de inúmeras responsabilidades, é comum haver dificuldades para se resolver problemas, o que faz com que as pessoas se voltem mais para o que ainda não foi feito do que para aquilo que já realizaram. Assim, o sentimento de insatisfação cresce e conduz a um estado de desmotivação, irritabilidade e pessimismo.

Estar atento ao "aqui e agora" apresenta três vantagens:

- o sentimento de urgência diminui;
- expressa o hábito de se aproveitar o momento presente;
- a eficácia aumenta: realizando uma coisa por vez, é possível concentrar energia e competência no que se faz antes de passar para outra tarefa.

O método do "Aqui e agora" se aproxima bastante do método "Uma tarefa de cada vez", embora se baseie mais no tempo e naquilo que uma pessoa dispõe, no "aqui e agora", para que consiga ser mais eficaz e ficar satisfeita.

Por onde começar

Para se colocar em ação esse método é preciso que os pensamentos automáticos sejam modificados, conforme se viu no capítulo 4 (*ver p. 73*), fazendo-se as seguintes perguntas:

1. Quando estou insatisfeito, o que me passa pela mente?
2. Que impressões tenho do passado? E em relação ao futuro?
3. Que emoções sinto neste momento: arrependimento, insatisfação, irritabilidade, impaciência etc. ?
4. Quais são as conseqüências dessas emoções em minha motivação para o trabalho? E sobre o resultado de meu trabalho?
5. Quais são as conseqüências dessas emoções sobre minha qualidade de vida? E sobre a maneira como desfruto a vida?
6. Se eu me ocupar apenas com o "aqui e agora" daquilo que estou fazendo, serei mais eficaz no trabalho? O que acontecerá com minha qualidade de vida?
7. Será que aproveito suficientemente tudo aquilo de que disponho hoje? Será que condiciono minha satisfação à necessidade de obter algo que ainda não tenho?

Num segundo momento, é hora de sair "à caça da insatisfação". Se a pessoa se sentir insatisfeita com o presente, é importante fazer um relaxamento e se concentrar em seu "aqui e agora", tirando disso o máximo de satisfação possível. Depois, ela deve repetir o exercício sempre e avaliar os resultados.

Um outro modo de agir é ter uma lista das coisas que "vão bem na vida" e que não vêm merecendo atenção suficiente (por exemplo: saúde, relações positivas, o que consegui fazer etc.), passando-se a ler essa lista com freqüência e quando necessário. Depois, é hora de fazer a mesma leitura nos momentos de insatisfação e dúvida. Ao se praticar regularmente esse exercício bastante simples é possível obter resultados surpreendentes.

MARIANA: AQUI E AGORA

Mariana nunca estava contente, nem consigo nem com as demais pessoas, embora muita gente não percebesse. Médica, ela exercia bem a profissão, tinha muitos clientes satisfeitos. Casada e mãe de duas crianças, Mariana sempre teve boa saúde e seu marido, que é diretor comercial de uma grande empresa, parecia bem encantador e muito presente. Todo mundo achava que Mariana tinha muita sorte na vida, mas, na verdade, ela tinha um problema: só enxergava o que ainda faltava fazer e por isso vivia preocupada. Durante as férias, Mariana só pensava no trabalho e quando estava no trabalho, pensava nos filhos e no marido, culpando-se por não ter tempo para eles: assim, vivia num estado de ansiedade e insatisfação permanentes.

Depois de fazer um balanço realista do que estava "fora do lugar", foi possível a Mariana fazer uma lista dos pontos importantes e positivos de sua vida. Hoje, quando surge uma dúvida ou uma insatisfação, ela diz a si mesma: "eu tenho direito de continuar insatisfeita, mas só se eu quiser e só depois de eu ter lido minha lista positiva".

Quatro meses de treinamento regular foram suficientes para modificar a maneira de Mariana "ver" as coisas, proporcionando-lhe uma visão mais realista e agradável. Hoje, ela utiliza muito bem o método do "aqui e agora": no consultório, concentra-se só em seu trabalho e, em casa com a família, vive o presente com o marido e as crianças. Agora ela se sente bem menos estressada e muito mais eficiente.

O teste "Executar 'Uma tarefa por vez' e 'Aqui e agora'" (*ver p. 107*) é fundamental para se tomar consciência da importância desses métodos na administração do estresse.

NÃO DEIXAR PARA DEPOIS O QUE PODE SER FEITO AGORA

Deixar para mais tarde todas as pequenas tarefas cotidianas (telefonemas, correspondências etc.) que poderiam ser realizadas imediatamente pode resultar em perda de tempo e de eficiência, o que, sem dúvida, faz aumentar o desgaste emocional, a irritabilidade, a desmotivação e outras sensações estressantes.

É mais racional fazer imediatamente tudo o que pode ser realizado imediatamente: com isso, se economiza tempo, estresse e, às vezes, ganha-se tempo livre. Esse método consiste em fazer perguntas muito simples para cada problema ou tarefa a ser realizada:

- Será que tenho tempo para fazer isso já?
- Será que eu perco mais tempo protelando tarefas do que realizando-as?
- Como me sentirei após realizar essa tarefa?
- Como eu me sentiria se não a tivesse feito?

JOÃO MAURO: DEIXANDO TUDO PARA DEPOIS

João Mauro está sempre sobrecarregado, vivendo num ritmo alucinante de trabalho. Ele recebe informações demais, tem de resolver um grande número de problemas e algumas tarefas atrasadas começam a se acumular: pilhas e mais pilhas de documentos, memorandos e cartas a serem redigidas estão amontoadas em sua mesa. Ao se observar a maneira como João Mauro trabalha é possível perceber que toma conhecimento de todas as informações que chegam, mas as coloca de lado para resolver mais tarde, terminando por adiá-las. É por isso que João Mauro está sempre atrasado, fazendo com que se enerve e se sinta perdido. É o momento, então, de aplicar o método a seguir:

Tarefa: redigir uma carta de confirmação de reembolso de ajuda de custo.

Análise:

1. Tenho tempo de fazê-la agora, uma vez que já li a informação?
   Sim, disponho de um minuto.
2. Será que vou perder mais tempo redigindo agora ou não?
   Acho que vou perder tempo se deixar para depois porque será preciso reencontrar o pedido.
3. Como será que me sentirei após a ter redigido?
   Bem, aí já estará feito.
4. Mas como me sentirei se não o fizer?
   Como de hábito, nervoso e tenso. Eis aí mais uma boa razão para redigi-la imediatamente.

"Não deixar as coisas para depois" (*ver p. 108*) é um dos testes que ajudam a fixar esse método.

Método TIC-TOC

Deixar uma tarefa para mais tarde e, na hora de realizá-la, sentir-se desmotivado produz desperdício de tempo e energia. Se isso se tornar um hábito, pior ainda, porque as conseqüências poderão ser graves. Fala-se, nesse caso, em protelar. Agir o quanto antes, ao contrário, é mais rentável: esse é justamente o objetivo do método TIC-TOC.

Os pensamentos TIC

Quando alguém tem algo de sobra, corre o risco de pensar em protelar ações: são os pensamentos TIC (*Task Inhibiting Cognitions*), em português, "pensamentos inibidores da ação". Por exemplo, um médico que tenha que preencher relatórios e mais relatórios pode pensar o seguinte: "todo esse trabalho enfadonho que não serve para nada", "sempre tenho que preencher os mesmos papéis", "amanhã eu cuido disso", "já estou atrasado. Demorar mais ou menos não vai mudar grande coisa".

Esses pensamentos, na verdade, não motivam ninguém.

Os pensamentos TOC

Se o médico do exemplo anterior tivesse tido pensamentos como "melhor fazer agora para ficar livre desse trabalho" ou "fazer um relatório não vai me atrasar mais do que já me atrasei", seria mais fácil dele agir. Esses últimos pensamentos são chamados TOC (*Task Oriented Cognitions*), em português "pensamentos encorajadores da ação".

Pensamentos TIC	**Pensamentos TOC**
(Task Inhibiting Cognitions)	*(Task Oriented Cognitions)*
Inibidores da ação	Encorajadores da ação
↓	↓
Emoções desagradáveis	Emoções agradáveis
↓	↓
Adiar a ação	Agir agora

Concluindo

O método TIC-TOC consiste em favorecer ao máximo os pensamentos TOC.

Quando um pensamento TIC aparecer, ele corresponderá a uma emoção penosa como sentimentos de sobrecarga, desencorajamento e desmotivação. O resultado é a desaceleração ou o adiamento da ação.

Inversamente, um pensamento TOC corresponde a uma emoção menos desagradável, como o desejo de terminar ou adiantar um trabalho ou o sentimento de que a ação será mais fácil de ser realizada.

A maneira mais cômoda de se aplicar esse método é utilizar duas colunas, como é apresentado a seguir.

TIC | **TOC**

Pensamento que inibe a ação

Pensamento que estimula a ação

"Sim, mas..."

Novo pensamento inibindo a ação

Novo pensamento que estimula a ação

Quando um pensamento TIC surgir, basta transformá-lo em um pensamento TOC ou, em outras palavras, num pensamento que estimule a motivação para desencadear a ação. De modo geral, um novo pensamento TIC reaparecerá, começando freqüentemente por "sim, mas". É importante então recomeçar a seqüência de pensamentos e só parar na coluna TOC.

Veja a seguir o quadro preenchido pelo médico citado anteriormente (*ver p. 104*), sobre sua tendência em deixar para depois o preenchimento de um relatório que ele deveria preencher na hora em que o recebeu:

TIC | **TOC**

"Já estou atrasado. Demorar mais ou menos não vai mudar grande coisa"

"Melhor fazer agora para ficar livre desse trabalho"

"Sim, mas"

"Estes relatórios, ninguém os lê!

"Você tem dez minutos, é melhor aproveitar para escrevê-los já"

Os pensamentos da coluna TOC reforçam a motivação para que ele faça o relatório ainda que lhe pareça inútil.

RESUMO

Agendamento

Programar uma agenda para o dia seguinte, hora a hora, permite que o dia seja planejado para que tudo se desenvolva melhor.
Ganhar tempo e organização é algo precioso: faz com que se evite problemas para o dia seguinte, prevendo atitudes em vez de apenas pensar nos problemas.
No caso de uma tarefa imprevisível mas prioritária, todo o agendamento pode ser alterado. Se uma das atividades não puder ser realizada, é útil dispor de alternativas.
A avaliação da eficiência e do prazer proporcionados por cada atividade permite que se faça a "colheita" do dia, sob a forma de um balanço. Isso é muito útil para se obter um reforço, já que, ao se preparar a agenda do dia seguinte, anota-se o que foi realizado em vez daquilo que ainda não foi.

"Uma tarefa por vez" e "Aqui e agora"

O método "Uma tarefa por vez" é útil para aprender a pensar e se ocupar exclusivamente da tarefa em andamento. Já o método do "Aqui e agora" é importante para a pessoa se concentrar no presente, de maneira construtiva, deixando de lado o passado e o futuro. Esses dois métodos têm a vantagem de:
- melhorar a qualidade do trabalho e a satisfação pessoal;
- diminuir o risco de dispersão e de estresse.

Deixar para mais tarde o que se pode fazer imediatamente é um grande desperdício de tempo e de energia, o que contribui para aumentar o estresse.
Adquirir o hábito de resolver o que puder ser feito de imediato permite:
- diminuir atrasos;
- sentir-se mais eficaz e mais seguro de si mesmo;
- aumentar a produtividade.

O método TIC-TOC

Quando os pensamentos TIC (que inibem a ação) são recorrentes, as atividades em questão são freqüentemente deixadas para mais tarde ou esquecidas. Isso pode levar à procrastinação, cujas conseqüências podem ser graves.
Ideal é substituir sistematicamente os pensamentos TIC pelos pensamentos TOC (que favorecem a ação). Com freqüência, esse trabalho é acompanhado de "sim, mas", levando o pensamento de volta à coluna TIC. É preciso seguir o método e só parar na coluna TOC, para finalmente se entrar em ação.

"Exercitando-se nos pensamentos TOC" (*ver p. 108*) é um dos testes recomendados para colocá-los o quanto antes em prática.

Praticando o Agendamento

1. Anote de maneira precisa cada tarefa a ser feita no dia seguinte, avaliando bem antes o tempo necessário para cumpri-las. Não anote atividades impossíveis de serem realizadas.
2. Enumere as tarefas em ordem de importância e anote-as na agenda, hora por hora.
3. No dia seguinte, siga a agenda utilizando os métodos "Uma tarefa de cada vez" e "Aqui e agora".
4. À noite, observe a eficiência e o prazer (numa escala de 0 a 10) proporcionados por cada atividade.

Concentração e atenção dirigida

1. Fixe-se num objeto qualquer e concentre-se, detalhando-o até que todo o seu pensamento esteja concentrado nesse objeto.
2. Recomece o mesmo exercício, desta vez com os olhos fechados.
3. Repita o exercício, concentrando-se sobre o trabalho ou a atividade em curso.

Executar "Uma tarefa por vez" e "Aqui e agora"

1. Quando você tem algo a fazer, você pensa ao mesmo tempo em outra tarefa? Você pensa no passado ou nas conseqüências futuras? Você age assim sempre ou de vez em quando? Quais são as conseqüências disso sobre a qualidade de seu trabalho, de suas emoções e de sua relação com os outros?
2. Se você estiver interessado, busque um programa de treinamento nos métodos "Uma tarefa por vez" ou "Aqui e agora" e siga todas as dicas e conselhos. Utilize também os métodos de relaxamento imediato, concentração e atenção dirigida, aplicando-os progressivamente às situações de seu dia-a-dia.
   A partir daí, procure se concentrar mais antes de agir para obter mais eficiência.
3. Se você dá mais importância àquilo que ainda não fez do que àquilo que já realizou, se sentirá insastifeito e ansioso. Nesse caso, aplique o método de melhor aproveitamento do tempo presente: concentre-se em seu objetivo do exato momento.
4. Procure equilibrar seus pensamentos automáticos, principalmente aqueles que favorecem a insatisfação e a ansiedade. Para isso, basta analisá-los racionalmente:
   - O que ganho com esses pensamentos?
   - Eles realmente melhoram minha eficácia?
   - De que outra maneira posso ver e imaginar as coisas?

Não deixar as coisas para depois

1. Existem sempre tarefas que deixo para depois?
2. Entre essas tarefas, o que não é possível ou desejável fazer imediatamente?
3. Quais as tarefas mais indicadas para fazer imediatamente?
4. Utilize as perguntas abaixo para avaliar as conseqüências de deixar para mais tarde quaisquer tarefas:
   - tenho tempo de fazer isso agora?
   - não vou perder mais tempo protelando do que fazendo a tarefa agora?
   - como me sentirei após fazê-la?
   - como me sentiria se não a tivesse feito?
5. Repita o exercício o quanto puder e avalie seu benefício sobre o estresse.

Exercitando-se nos pensamentos TOC

Observe nos outros e em você mesmo pensamentos que inibem a ação:

1. Como faço (ele ou ela faz) para não agir agora?
2. Quais são meus pensamentos TIC, as desculpas que encontro ou que as pessoas costumam encontrar para não agir?
3. Como faço para protelar (a ação), ou como faz a pessoa (que está sendo observada) para protelá-la?
4. Quais são as principais tarefas que deixo para mais tarde ou que me desencorajam ou me aborrecem?

Focalize pensamentos TOC respondendo aos pensamentos TIC:

1. Repita com freqüência o exercício na imaginação.
2. Observe os pensamentos "sim, mas". Tome bastante cuidado para só interromper seus pensamentos quando alcançar a coluna TOC.
3. Repita várias vezes o exercício no dia-a-dia para transformá-lo num hábito.

Capítulo 7

ADMINISTRAR AS DIFICULDADES

Dois tipos de dificuldades são considerados importantes estressores: as dificuldades concretas e as dificuldades relacionais. Para cada um desses grupos é possível empregar procedimentos específicos: os métodos de resolução de problemas, de tomada de decisões e o treinamento para "o bem-estar social".

RESOLUÇÃO DE PROBLEMAS

A vida é uma longa seqüência de problemas. Quando há forte carga de estresse, as resoluções necessárias são freqüentemente paralisadas pela dificuldade de as pessoas tomarem decisões, seja por dúvida, seja pelo medo de errar ou extrapolar. Daí ocorre perda de tempo e de energia justamente no momento em que se precisaria mais de ambos.

Saber colocar um problema de maneira clara, avaliar suas dificuldades e possíveis soluções são objetivos que podem ser realizados com a ajuda de métodos estruturados.

Uma vez que a emotividade pode ser acalmada pelo relaxamento imediato, é possível colocar em prática outro método, desenvolvido em oito etapas, com o seguinte questionamento:

1. Qual é o problema? Descrevê-lo de maneira precisa, assim como as circunstâncias em que aparece: com quem ou quando, de que maneira ele aparece?
2. Procurar todas as soluções possíveis, fazendo um *brainstorming*, no qual é possível se deparar com todos os meios de resolver o problema, mesmo os mais aparentemente absurdos.
3. Investigar as vantagens, inconvenientes e riscos de cada solução. Avaliar cada solução com a ajuda de uma escala de pontuação, de 0 a 10: 0 se a solução não tiver nenhum valor, 10 se a solução se mostrar eficaz.
4. Escolher uma ou algumas das soluções de valor máximo.

5. Definir os meios necessários para aplicar a solução.
6. Possibilitar a si mesmo o acesso a esses meios, testando-os, se necessário.
7. Passar à ação.
8. Avaliar os resultados.

O método é simples e pode, num primeiro momento, parecer infantil ou artificial. Mas se for praticado com regularidade, torna-se um hábito eficaz muito rapidamente. Esse método evita que se passe de uma solução a outra sem antes colocar em prática uma delas.

João Daniel: E agora, João?

João Daniel foi despedido há uma semana. Desorientado, ele não sabe o que fazer. A aplicação do método das oito etapas deve ser aplicado da seguinte maneira:

Qual é o problema?
O que fazer? Estar desempregado é estar sem atividades, sem horários? Procurar trabalho não é algo seguro? Como agir para obter resultados ou algo interessante a fazer?

Quais são as soluções possíveis?
- Sair de férias
- Inscrever-se no Sine (Sistema Nacional de Emprego) ou numa agência de recolocação profissional
- Fazer um curso de reciclagem
- Trabalhar como temporário
- Responder aos classificados
- Publicar um anúncio
- Fazer contato direto com as empresas
- Consultar uma assistente social
- Buscar indicação

Vantagens, inconvenientes, riscos de cada uma das soluções:
Avaliar cada solução com a ajuda de uma escala de notas, de 0 a 10.

• Sair de férias.
Vantagens: não enfrentar o problema de imediato, procurando antes repousar.
Inconvenientes: não serão férias de verdade, porque não se estará realmente tranqüilo. Há a possibilidade de se gastar um dinheiro que pode vir a fazer falta mais tarde.
Riscos: deixar o tempo passar e ficar sem emprego por um longo período.
Avaliação: 3/10

• Inscrever-se no Sine ou numa agência de recolocação profissional
Vantagens: enfrentar logo o "problema" do desemprego, obter informações.
Inconvenientes: pressão psicológica, aguardar, perder tempo, ser desencorajado.
Risco: nenhum.
Avaliação: 10/10

• Fazer um curso de reciclagem
Vantagens: aprender coisas novas e interessantes pode resultar num emprego melhor, mais gratificante.
Inconvenientes: aumento das dúvidas, provas e trabalho a fazer.

(*continua*)

JOÃO DANIEL: E AGORA, JOÃO? *(continuação)*

Riscos: derrota possível, se o curso não tiver aplicação prática ou não estiver relacionado com a carreira em questão, atraso na retomada do emprego.
Avaliação: 7/10

• Trabalhar como temporário
Vantagens: mais fácil de conseguir.
Inconvenientes: executar qualquer tipo de trabalho, não ter vínculo empregatício.
Risco: nenhum.
Avaliação: 8/10

• Responder aos classificados
Vantagens: fácil, gasto mínimo de energia.
Inconveniente: pouco rentável.
Risco: nenhum.
Avaliação: 8/10

• Publicar um anúncio
Vantagem: fácil de fazer.
Inconveniente: caro.
Risco: nenhum.
Avaliação: 3/10

• Entrar em contato diretamente com as empresas
Vantagens: investir no marketing pessoal, mostrar-se ao mercado, tentar a sorte, inovar métodos habituais.
Inconvenientes: resultados demoram, às vezes é desanimador.
Risco: nenhum.
Avaliação: 5/10

• Consultar uma assistente social
Vantagem: possibilidade de obter recomendação.
Inconveniente: nenhum, mas pode não ser eficaz.
Risco: nenhum e nada a perder.
Avaliação: 3/10.

• Buscar indicação
Vantagens: pouco trabalho, pouca ocupação.
Inconvenientes: pouco rentável e pode resultar em perda de tempo.
Risco: nenhum.
Avaliação: 2/10.

A escolha das soluções

- Inscrever-se no Sine ou numa agência de recolocação: 10/10
- Responder aos classificados: 8/10
- Trabalhar como temporário: 8/10
- Fazer um curso de reciclagem : 7/10
- Decido aplicar os três primeiros e me informar sobre a última solução.
- Saber gerenciar as dificuldades

Meios necessários

- Para inscrever-se no Sine, nas agências de trabalho temporário ou nas de recolocação, não há problema: é só ir até lá e preencher os impressos, embora seja preciso considerar o fato de que algumas agências, em especial as de recolocação, cobram por isso.
- Para responder aos anúncios, basta comprar ou obter os jornais.
- Para os cursos de reciclagem, informar-se em entidades que os ofereçam como sindicatos, centrais de trabalhadores, Sesi (Serviço Social da Indústria), Sesc (Serviço Social do Comércio), entre outras.

(continua)

João Daniel: E agora, João? *(continuação)*

Aplicação
Os meios para a aplicação (dessas soluções) são simples.

Passar para a ação
Decidir tomar iniciativa, mas na seguinte ordem:
- inscrever-se na entidade que oferece os cursos;
- responder aos classificados;
- fazer inscrição nas agências de trabalho temporário;
- obter informações sobre cursos de reciclagem.

Avaliação dos resultados:
Foi possível fazer quase tudo: inscrever-se no Sesi, responder regularmente aos classificados, inscrever-se em três agências de trabalho temporário. Resta ainda obter informações sobre os cursos de reciclagem, o que é possível de ser feito na próxima semana. De qualquer maneira, este é um momento em que não há mais por que se sentir desorientado: agir faz bem. Aqui é o momento de reavaliar se realmente a decisão de não fazer nada ou sair de férias teria sido melhor.

Fazer o teste "Resolução de problemas" (*ver p. 134*) é uma maneira de começar a se exercitar para solucionar situações como essas, bastante comuns na vida cotidiana.

SAIBA MAIS

Aplicar o método da resolução de problemas por escrito permite que os problemas e soluções fiquem mais claros, além de fazer com que se ganhe tempo e eficiência.

Tomada de decisões

Decidir-se sobre a escolha das soluções mais apropriadas é crucial. Todo mundo tem decisões a tomar e, em geral, a melhor escolha não é sempre evidente. Trata-se, portanto, de um estressor significativo presente na vida profissional e pessoal. Em geral, isso acontece quando a própria competência é colocada a prova ou quando várias soluções prováveis e difíceis devem ser encaradas.

O método a seguir é ideal para resolver essas situações de impasse.

Árvore de decisões:
A primeira etapa é especificar as diferentes decisões que se apresentam:

decisão A, decisão B, decisão C etc. De maneira geral, é possível reduzir a escolha a duas ou três decisões.

A segunda etapa é construir, para cada decisão, um quadro com as vantagens e desvantagens, para avaliar sua importância numa escala de 0 a 100%.

Quadro de vantagens/desvantagens da decisão A

Vantagens da decisão	Importância em %	Desvantagens da decisão	Importância em %
Total:		Total:	

Os totais das vantagens e desvantagens já dão uma boa indicação do que fazer: é melhor escolher a decisão que apresenta mais vantagens e menos desvantagens.

Quando as decisões são parecidas, é possível calcular seu produto:

1. [Total das vantagens da decisão A]
X
[Total das desvantagens da decisão B]
e
2. [Total das vantagens da decisão B]
X
[Total das desvantagens da decisão A]

Depois de comparar os resultados:

A decisão A poderá ser escolhida se o total 1 for superior ao total 2 e vice-versa.

Se uma das decisões não se sobressai sobre a outra, é possível que nenhuma das duas seja ideal. A solução é não perder tempo demais em reflexões – ou decidir na sorte, tirando cara ou coroa.

Se existem mais de duas decisões, é interessante fazer as ligações em pares. Por exemplo:

[Decisão A]com[Decisão B]
[Decisão A]com[Decisão C]
[Decisão B]com[Decisão C]

Depois, basta se guiar pelas diferentes decisões. Evidentemente é preciso reduzir as várias decisões àquelas que de fato são dignas de serem levadas em consideração. Nesse caso, o melhor é recorrer ao método Resolução de Problemas, apresentado anteriormente (*ver p. 109*).

DICA

Não tomar decisão alguma é freqüentemente a pior decisão, a não ser que a decisão seja tomada por outra pessoa!

Geraldo: Crescer ou estagnar?

Geraldo é empreiteiro e dirige uma empresa que tem quatro empregados contratados com carteira assinada, habituados a trabalhar em canteiros de obras de pequeno e médio porte. Mas eis que de repente surge um negócio "de maior porte", que apresenta riscos, mas também a oportunidade de ganhos suplementares. A Árvore de decisões dessa situação é a seguinte:

Decisão A: fazer a obra

Decisão B: não fazer a obra

Decisão A: fazer a obra

Vantagens	Importância em %	Desvantagens	Importância em %
• O negócio vai crescer.	50	• Empregar maior capital para compras de grande volume.	70
• É um trabalho interessante tecnicamente e que vale a pena ser feito.	80	• Empregar temporários, o que não é uma solução segura.	50
• Significará mais dinheiro, se não for preciso pagar indenização por atrasos.	80	• Risco de expansão: se a empresa crescer, será preciso garantir continuidade.	20
• Esse tipo de obra dá maior visibilidade e credibilidade.	60	• Risco de deixar de ser uma empresa familiar: se tiver maior número de empregados, a gestão se tornará mais difícil.	50
• Há pouco risco de que a conceituada empresa não pague pelo trabalho.	100		
		• Necessidade de se reciclar e aprender mais sobre gestão de negócios antes de tomar qualquer atitude.	20
Total	370	Total	210

Neste primeiro quadro, as vantagens em aceitar a nova obra são maiores do que os inconvenientes. Geraldo, entretanto, continuou a aplicar o método e fez o quadro seguinte, especificando as vantagens e desvantagens de não aceitar a obra em questão:

(*continua*)

GERALDO: CRESCER OU ESTAGNAR ? *(continuação)*

Decisão B: não fazer a obra

Vantagens	Importância em %	Desvantagens	Importância em %
• Sem complicações suplementares: "um pássaro na mão vale mais do que dois voando".	50	• Sem crescimento e evolução na profissão: mesmo trabalho, mesmos materiais, conhecimento estagnado, tudo esgotado.	80
• Manutenção do *status quo* da empresa, que é uma empresa familiar.	60	• Continuar pequeno talvez seja um risco a longo prazo: só as grandes empresas sobrevivem.	50
• Sem materiais complementares a serem comprados e mais pessoas para gerenciar.	60	• Quando se começa a não aceitar serviço nesse ramo, logo todos ficam sabendo.	50
• Não existem riscos.	30		
Total	200	Total	180

Com o segundo quadro, a decisão é menos óbvia. As relações dão os seguintes resultados:

[Vantagens em aceitar a obra] X [Desvantagens de não aceitá-la] = 66.600
[Vantagens em não aceitar a obra] X [Desvantagens de aceitá-la] = 42.000
O que dá uma relação de 1,6 para aceitar a nova obra.

"Fazer uma Árvore de decisões" (*ver p. 134*) é um dos testes idealizados para, entre várias opções, aprender a fazer a melhor e a mais sensata das escolhas.

FACILIDADE RELACIONAL

Os problemas de relacionamento – sejam profissionais e familiares, sejam os de amizades – estão entre os estressores mais significativos. Receber críticas, administrar mal-entendidos e conflitos são acontecimentos comuns, mas custam muito caro às emoções. O modo como cada um se relaciona com as demais pessoas pode fazer muito mal, mas também pode fazer bem.

Para a maior parte das pessoas interrogadas, os relacionamentos são o que há de mais importante na vida: podem fazer alguém sofrer muito ou, ao contrário, podem ajudar a vencer na vida.

Sentir-se à vontade com os outros ou deixá-los à vontade consigo próprio são preceitos muito úteis e extremamente necessários.

As situações relacionais

Não importa o modo de vida, os relacionamentos com o outro geralmente englobam:

- fazer pedidos, emitir pareceres, opiniões, sentimentos;
- aceitar ou recusar;
- receber ou fazer críticas negativas;
- receber ou dar elogios;
- começar, dar seqüência ou encerrar uma conversação.

Essas situações são vividas individualmente ou em grupos. Cada uma delas pode ser considerada um estressor significativo, mas variável em função dos hábitos e competências sociais, ou seja, em razão da aptidão para falar em público ou para administrar um conflito etc.

Sabe-se que qualquer pessoa habituada a falar em público – um professor universitário, por exemplo – não terá problema em fazer uma conferência, mas poderá se sentir pouco à vontade numa reunião informal entre amigos.

Uma situação é bem vivenciada quando a pessoa se sente à vontade, controla sua emotividade e adapta suas competências sociais ao contexto em que vive ou se encontra como, por exemplo, quando sabe acompanhar uma conversação se requisitada, sabe ouvir a fim de responder adequadamente a perguntas, sabe acalmar a própria agressividade quando na casa de outras pessoas.

Já que problemas relacionais são sempre atuais, pesquisadores de diferentes disciplinas estão interessados no funcionamento da comunicação e dos comportamentos. Buscam, por exemplo, modos mais eficazes para se comunicar, mais rápidos e que gastem menos energia e dinheiro. Nos últimos 20 anos, trabalhos realizados com comunicação e treinamento em habilidades sociais permitem focalizar alguns princípios básicos.

Princípios de comunicação

Uma comunicação é boa quando a mensagem emitida corresponde à mensagem recebida, o que não é fácil, pois se sabe que as pessoas primeiro percebem o que mais temem, depois o que esperam e só depois o que desconhecem. Isso quer dizer que quando alguém tem medo de uma observação negativa, corre o risco de interpretar pequenos componentes não-verbais da comunicação, olhares e mímicas faciais, como elementos de uma provável crítica. É possível que isso seja verdade, mas essa impressão pode muito bem ser falsa. Perceber não é, portanto, um processo neutro. Na comunicação, é sempre interessante desconfiar das próprias percepções e saber escutar.

O papel da escuta

Escutar serve para saber o que responder. Mas todo mundo algum dia já respondeu uma pergunta sem antes tê-la ouvido bem. Os mal-entendidos gerados por essa situação são muitas vezes cômicos, mas também podem ser dramáticos. Uma das conseqüências negativas acontece quando a pessoa se defende antes mesmo de ter sido atacada.

Saber escutar permite que se ganhe tempo: quando a mensagem enviada corresponde à mensagem recebida, é mais fácil agir, os compromissos se tornam mais evidentes e, com isso, rapidamente se busca resoluções para os problemas.

> **DICA**
> Escutar é muito difícil. Para estar seguro de ter compreendido corretamente o que outra pessoa diz, é preciso ter habilidade e atenção especial.

A qualidade da escuta

Existem três tipos de escuta: passiva, participante e ativa.

A escuta passiva é utilizada para ouvir rádio. Nesse caso, a distorção da informação pode acontecer e ser significativa, a não ser que se esteja prestando atenção no que se ouve, o que na maior parte do tempo não é possível. É aí justamente que as pessoas tendem a perceber o que temem ou esperam.

A escuta participante é feita de pequenos acenos com a cabeça, gesticulações, pequenos comentários ou olhares com os quais a pessoa demonstra a seu interlocutor que está atenta ao que ele diz. O fato de participar assim da conversação faz com que se preste mais atenção, encoraja o interlocutor a falar e a perda ou a má interpretação da informação, se ocorrer, é menor do que na escuta passiva.

A escuta ativa consiste em verificar se houve uma boa compreensão do que o interlocutor diz, se ele recebeu bem a mensagem enviada, além de perceber qual o sentido das mensagens não-verbais, como um sorriso ou uma mímica facial.

Esses três tipos de escuta devem se adaptar às circunstâncias, mas somente se a escuta ativa oferecer uma boa probabilidade de evitar a má comunicação e seus conseqüentes mal-entendidos.

Conversação telefônica: Tim-tim por tim-tim

Bernardo: "Você avisou o Marcos sobre a reunião desta noite?"
Gisele: "Sim, ele estará lá às 20h."
Bernardo: "Bem, levarei os papéis que você já conhece."
Gisele: "Certo, esta noite às 20h. Quais são exatamente os papéis que você vai levar?"
Bernardo: "As plantas da casa, a escritura de venda, o relatório dos trabalhos."
Gisele: "Bem, estou anotando: escritura de venda, relatório dos trabalhos, plantas da casa."
Bernardo: "E também o balanço dos três últimos meses."
Gisele: "E o balanço dos três últimos meses. Muito obrigada, até à noite, às 20h."

O teste "Praticar a escuta" (*ver p. 135*) permite a qualquer um começar a se exercitar nesse método que contribui para a administração do estresse.

Comportamentos
Em qualquer situação relacional, só se pode ter três tipos de comportamento: inibido, agressivo ou seguro. Para compreender melhor o que isso significa, basta imaginar, por exemplo, estar numa loja, prestes a chegar ao caixa, quando alguém fura a fila e passa à frente.

Comportamento inibido
A pessoa que esperava na fila não diz nada, não adverte o outro e aceita passar no caixa depois dele. Nesse caso, freqüentemente suas idéias não coincidem com o comportamento, já que ele poderá estar pensando coisas como: "mas que pessoa folgada!" ou "deixa estar, não vou criar caso por causa de uma fila".

Esse tipo de comportamento gera frustração ou irritação, até mesmo raiva, mas apenas interiormente. Exteriormente, a pessoa não dá vazão à sua fúria nem demonstra nada. É possível também que haja pensamentos "altruístas" como "não importa, não é grave, ela deve estar apressada, se isso pode ajudar, tudo bem...", o que faz com que as emoções sejam mais suportáveis, mas isso termina da mesma maneira: não se diz nada, arranja-se uma desculpa para si mesmo.

Se alguém freqüentemente apresenta um comportamento de tipo inibido, as conseqüências podem ser preocupantes. Inicialmente, a pessoa obtém poucas coisas concretas na vida porque raramente as busca. Ela terá uma boa relação com os outros, é verdade, porque se mostrará "amável".

Por outro lado, disso resultam três efeitos, todos nefastos: o efeito "pateta", o efeito superprotetor e o efeito agressivo, caracterizados como:

- efeito "pateta": é o mais freqüente. Trata-se do sentimento e da constatação real de que os outros tiram vantagem de nós;
- efeito superprotetor: é próprio das pessoas que aconselham, que sabem sempre o que deve ser feito ou se defendem diante dos outros;
- efeito agressivo: é típico das pessoas que habitualmente têm comportamentos agressivos e costumam se ligar às pessoas que não se defendem ou não sabem como fazê-lo.

Não é recomendável desprezar as conseqüências relacionais de um comportamento inibido predominante, pois, em geral, ele desencadeia estresse penoso e nocivo, que poderá resultar em ansiedade ou depressão.

Comportamento agressivo

Se a intervenção no exemplo anterior (*ver p. 118*) fosse imediata e grosseira, poderia se dizer: "não se incomode, passe na frente de todo mundo. Quem você acha que é? Entre na fila, como todo mundo!"

Esse é o comportamento que quase todo mundo teria na situação em questão, mas ele não leva absolutamente em conta a posição do interlocutor, que é, a *priori*, julgado negativamente: "ele fez isso de propósito", o que pode não ser verdade. Se uma pessoa se comporta agressivamente com freqüência, é possível que constate que agindo assim terá mais sucesso em conseguir o que quer do que sendo inibido. Isso pode até acontecer, mas antes porque os outros sentem medo ou simplesmente porque não querem confusão.

Por outro lado, dentro das relações humanas, as conseqüências são mais graves, os conflitos numerosos e o isolamento freqüente. É difícil conviver com pessoas irritadiças e desconfiadas, para quem é preciso se justificar com freqüência.

O estresse se manifesta com uma reação emocional violenta, a cólera. Isso tem relação, nos casos mais típicos, com o comportamento de tipo A já descrito anteriormente (*ver p. 23*), e que, inclusive, favorece o surgimento de problemas de colesterol e doenças cardiovasculares.

Comportamento seguro

Ainda no exemplo da fila na loja, seria mais positivo reagir da seguinte maneira: "me desculpe, mas acho que você não me viu. Agora é minha vez de passar no caixa, sinto muito!". Aqui, a verbalização corresponde exatamente ao que a pessoa pensa e, assim, são maiores as probabilidades de ela conservar seu lugar e manter uma melhor relação possível com o interlocutor.

Quando uma pessoa desenvolve um comportamento firme e seguro obtém muito mais do que com um comportamento agressivo ou inibido: solicitar algo gentilmente, polidamente, mas com firmeza, é proveitoso e mais eficaz. No nível relacional, as conseqüências são igualmente boas, porque pessoas seguras são em geral mais simpáticas, deixam as outras à vontade, embora sabendo o que querem e não se submetendo a exigências alheias, portanto, "sim é sim, não é não, talvez é talvez".

É importante notar ainda que as pessoas com comportamento seguro são menos estressadas, depressivas ou ansiosas. Por isso, é útil se exercitar para reforçar a própria auto-estima.

Afirmação de si próprio

Para fazer pedidos, aceitar, recusar, manter uma conversação, receber ou fazer críticas e elogios, cada pessoa tem seu próprio jeito, embora todas as condutas a serem adotadas têm em comum o fato de que é preciso:

- ter idéias precisas e concretas;
- entender a posição do outro;
- exprimir-se de forma precisa e direta;
- persistir, se for necessário;
- concluir animadamente;
- adaptar os sinais não-verbais (mímica facial, olhar, volume, timbre, freqüência da voz etc.) ao conteúdo da mensagem;
- praticar os três "nãos":
  - não se desculpar;
  - não se desviar do assunto;
  - não explicar demais.

Os três "nãos" têm papel decisivo na afirmação de si mesmo. O ato de se desculpar faz com que o indivíduo se coloque na defensiva, o que muitas vezes é a maneira menos recomendável de se defender. Quando alguém se desvia do assunto, corre o risco de "perder o fio da meada" e se dispersar. Já explicação demais geralmente se transforma em desculpas.

Cada pessoa pode ter sua própria "caixa de ferramentas" para enfrentar as diferentes situações relacionais. A aquisição de competências sociais aumenta o sentimento de confiança em si mesmo, diminuindo consideravelmente o estresse. Nessa caixa, há lugar para muitas "ferramentas", mas é preciso adquirir habilidade para "manuseá-las". Algumas delas são destacada a seguir.

Informar

A expressão verbal deve ser clara e precisa, mais específica do que genérica; em outras palavras, deve incidir sobre um ou mais fatos particulares e não sobre um conjunto de fatos não-determinados. Uma informação genérica seria expressa assim: "acho que você anda chegando atrasado sempre!". Já uma informação específica corresponderia a "notei que na segunda, na quarta e na sexta-feira, você chegou atrasado ao trabalho".

Utilizar-se do "disco riscado"

Repetir pedidos, respostas e conselhos é com freqüência necessário. A técnica do "disco riscado" consiste em repetir a informação de maneira cada vez mais calma e animada, mas com firmeza.

Revelar-se para os outros

Exprimir um sentimento ou um conselho pessoal, utilizando-se de expressões como: "estou muito contente", "isso me incomoda", "sinto-me aliviado" etc.

Pedir autorização

Trata-se de verificar se o outro está disponível para escutar ou para que seja solicitada sua atenção. Um simples "posso falar com você por um minuto?" deixa-o mais atento ao que ele vai ouvir.

Afirmar-se com empatia

É deixar claro ao interlocutor o quanto se compreende sua posição e problema, repetindo, por exemplo: "acredito que essa situação é muito incômoda para você".

Essa lista de técnicas de comunicação pode ser ampliada, mas saber utilizar o que já foi apresentado permite sair sem estresse de um grande número de situações. Saber como proceder permite às pessoas ficarem mais seguras de si mesmas.

Auto-afirmação e crítica

A fim de ilustrar como funciona a auto-afirmação, é importante observar o exemplo de alguém que recebe uma crítica negativa.

Nesse caso, o melhor a fazer é seguir os seguintes passos:

1. Acalmar as próprias emoções com a ajuda do relaxamento imediato (*ver p.58*).
2. Escutar o conteúdo da crítica.
3. Definir o tipo de crítica: é justa, injusta ou apenas vaga?
4. Verificar se o interlocutor tem razão e se interar de suas razões.
5. Adaptar o próprio comportamento ao tipo de crítica em questão.

Como receber críticas

Acalmar as próprias emoções

↓

Escutar atentamente

↓

Identificar o tipo de crítica

↓

Verificar se o interlocutor tem razão e se interar de suas razões

↓

Adaptar seu comportamento ao tipo de crítica em questão

↙ **Justa**	↓ **Injusta**	↘ **Vaga**
• Reconhecer a crítica • Utilizar a técnica do "disco riscado" • Concluir animadamente	• Restabelecer a verdade • Utilizar a técnica do "disco riscado" • Concluir animadamente	• Especificar a crítica ou • Responder vagamente, não entrar em discussão • Concluir animadamente

Crítica justa

Reconhecer imediatamente os próprios erros é a melhor maneira de diminuir as conseqüências negativas. Se necessário, persistir com a ajuda da técnica do "disco riscado", que consiste em repetir a mesma coisa, adaptando-se às circunstâncias, tornando-se "cada vez mais amável", mas mantendo-se firme, para, ao final, terminar com entusiasmo, agradecendo a crítica.

Mirela: Atrasada de novo

Mirela trabalha numa agência de turismo. Martinha, sua colega de trabalho, faz a seguinte observação: "É a segunda vez que você chega 10 minutos atrasada". A reação habitual de Mirela é reagir "dente por dente" ao que ela interpreta como uma agressão, o que gera problemas de relacionamentos e

(*continua*)

Mirela: Atrasada de novo (*continuação*)

uma reação de estresse muito grave.
A aplicação do método para auto-afirmação e crítica consiste em:

1. Respirar muito lentamente e acalmar a própria raiva.
2. Em seguida, pensar:

• "de fato, cheguei atrasada duas vezes";
• "se eu estivesse no lugar de Martinha, não estaria contente."

3. Reconhecer imediatamente os fatos.

Resultados:
Mirela: "De fato, você tem razão, eu cheguei atrasada e acho normal que você fique contrariada, desculpe-me."
[Informar]
Martinha: "Não queria aborrecer você com algo tão insignificativo."
Mirela: "Eu realmente sinto muito."
[Revelar isso aos outros]
Martinha: "Não é nada, eu compreendo!"
Ao final, o que poderia desembocar num conflito ou mal-estar se transforma em compreensão mútua.

Crítica injusta

Depois de ter relaxado, escutado com atenção o que o outro diz, considerado o fato de que ele pode ter razão e ouvir quais são essas razões, é preciso restabelecer a verdade de maneira clara e direta, sem agressividade, com firmeza. A utilização da técnica do "disco riscado" é sempre útil.

Júlio: "Assim não dá!"

Júlio está irritado com Bernardo e diz: "É impossível trabalhar nessas condições. Você esqueceu de agendar suas férias e decide tirá-las justamente agora!"
Bernardo aplica o seguinte método:

1. Acalma suas emoções, respirando lentamente.
2. Pensa: "Ele está furioso, portanto, qualquer coisa tem defeito, é normal, com planejamentos há sempre problemas."
[Análise da posição do outro]
3. Mostra-se seguro.

Bernardo: "Comuniquei o período em que pretendia tirar férias no prazo certo, deve ter havido um mal-entendido."
[Verbalização direta e precisa]
Júlio: "Se você tivesse marcado suas férias em fevereiro, elas estariam marcadas!"
Bernardo: "Não sei o que aconteceu. Marquei minhas férias corretamente, aliás, eu as defini faz um bom tempo, elas deveriam ter sido marcadas."
["Disco riscado"]
Júlio: "Então não sei o que aconteceu."
Bernardo: "Acredito que tenha ocorrido um mal-entendido. Planejar é sempre delicado. Para todos os efeitos, marquei minhas férias em fevereiro, como tinha que ser. Acho que deveríamos procurar uma solução que seja melhor para todos nós."
["Disco riscado", colocar o problema de maneira construtiva, concluir animadamente].

Crítica vaga

Existem duas possibilidades:

1. É interessante especificar a crítica, para saber exatamente o que está sendo censurado.
2. Não é aconselhável entrar em detalhes da crítica, embora seja algo freqüente quando se é agredido sem razão. Discutir faz perder muito tempo e energia, além de o aborrecimento aumentar inutilmente o desgaste e exigir tempo para ser superado.

UM PAI BASTANTE CRÍTICO

Um pai conversa com um dos responsáveis pelo time de futebol onde seu filho joga. "Tudo vai mal no clube neste momento", diz.

Eis o comportamento adaptado do responsável pelo time:

1. Faz um relaxamento imediato.
2. Pensa: "a crítica é vaga. Nesse caso, é melhor especificá-la."
3. Afirma-se e se posiciona:

O responsável: "O que você notou exatamente? É importante para nós sabermos o que vai mal."
[Especificar a crítica]

O pai: "Os vestiários não são aquecidos, por exemplo. Na última vez, meu filho passou frio e há ainda os horários de treinamento. É difícil conseguir chegar no horário."

O responsável: "Portanto, os vestiários e os horários..."

O pai: "Ah! Sim, é isso"

O responsável: "De fato, seria muito bom que fosse instalado aquecimento nos vestiários. Talvez o senhor possa falar sobre isso na próxima assembléia geral. Seria interessante fazer um balanço. O que acha?"
[Acordo com o interlocutor, solicitação de sua ajuda]

O pai: "Sim, falarei."

O responsável: "Quanto aos horários, por outro lado, sinto não poder mudar nada. Foi difícil defini-lo na última assembléia. É preciso considerar que a definição de horários sempre deixa alguém descontente!"
[Fornece informação]

Condutas a adotar

Planos de ação ajudam a adaptar a conduta a ser seguida de acordo com as circunstâncias. Uma pequena lista dessas condutas servem mais como guia do que como uma regra.

Expressar uma crítica

Criticar é sempre delicado. É grande o risco que se corre em envergonhar o interlocutor mas, por outro lado, não expressar a crítica em questão sempre traz conseqüências negativas.

O método consiste então em formular as críticas, mas de maneira construtiva, tendo sempre em mente a necessidade de se manter uma boa relação com o interlocutor.

Entre as conseqüências positivas desse método está o fato de se poder verbalizar o que se pensa com um impacto negativo menor e um impacto positivo reforçado. Os outros, pouco a pouco, se habituam e chegam a dizer que "com você, a gente sabe onde está pisando, pois diz o que pensa": isso não coloca em risco a relação.

A comunicação se torna mais agradável e o estresse se reduz. O gráfico a seguir apresenta um plano para formular uma crítica construtiva.

Expressar uma crítica

Pedir autorização

↓

Verbalizar uma crítica específica e precisa,
que se refira a um ponto bem definido,
e evitar fazer críticas vagas e generalizadas

↓

Verbalizar direta e precisamente

↓

Utilizar a técnica do "disco riscado", se necessário

↓

Se possível, propor uma solução

↓

Terminar animadamente

Cristina: "Esse não é meu trabalho!"

Cristina é enfermeira. Ela precisa fazer uma observação a Martinha, sua colega na clínica.
Cristina: "Posso falar com você por um minuto ou dois? Você tem um tempinho?" [Pedir autorização]
Martinha: "Sim, certamente."
Cristina (que sabe que Martinha é um pouco suscetível) então diz:
"Primeiro, quero que você não me leve a mal, mas você sabe, prefiro dizer as coisas a não dizer nada..."
Martinha: "Continue..."
Cristina: "Quando eu substituo você no serviço, não encontro o relatório da pressão sangüínea dos pacientes. Normalmente é você quem deve fazê-lo. Procure pensar nisso, você iria me ajudar muito!" [Verbalização direta, precisa e específica]

Formular um pedido

Muitos de nós não ousam pedir um favor aos outros, mesmo que seja algo a que temos direito. O medo de incomodar ou do que os outros vão pensar fica em primeiro plano. Quando as pessoas se frustram ao não formular seus pedidos, estão sujeitas a pensamentos dolorosos sobre si e sobre os outros também, tais como "sempre tenho que pedir. As pessoas deveriam compreender o que me é devido!", "não é normal ter que sempre pedir". Esses pensamentos vêm acompanhados por oscilações de humor que fazem o estresse crescer. O custo da dificuldade em fazer pedidos não deve ser desprezado, tanto no nível concreto, já que quem não pede nada obtém ou só consegue pouco, quanto no nível emocional, porque ocorre de modo tímido e desestimulante.

Por outro lado, saber pedir permite constatar de imediato que quase sempre é possível obter aquilo que se pede. E a relação com os outros não se deteriora, ao contrário, até mesmo melhora. Pedir é simples. O esquema a seguir é bastante útil para fazer um pedido.

Depois de tudo, o pior que pode acontecer é simplesmente não conseguir nada; em outras palavras, não ter nada a perder.

Formular um pedido

Pedir uma autorização

↓

Verbalizar direta e precisamente o pedido

↓

Utilizar o "disco riscado", se necessário

↓

Verificar se o pedido é aceito

↓

Finalizar animadamente

SÍLVIA: UMA AJUDA E TANTO

Sílvia precisa de um favor e telefona para sua vizinha.
Sílvia: "Alô, Rita, bom dia. Desculpe-me incomodá-la, mas eu poderia te pedir um favor?"
[Pedir autorização]
Rita: "Bom dia. Sim, o que é?"
Sílvia: "Quando você levar seus filhos

(continua)

Sílvia: Uma ajuda e tanto *(continuação)*

à escola, você poderia levar minha pequena Elisa também?"

Rita: "Sim, claro que posso, sem problemas."

Sílvia: "Tem certeza de que isso não vai incomodá-la?"

[Verificação da aceitação]

Rita: "Não, absolutamente."

Sílvia: "Eu te agradeço muito. Você não sabe quanto irá me ajudar. Obrigada!"

[Concluir animadamente]

Aceitar ou recusar

Responder "sim" é, em geral, muito mais fácil, a não ser quando não é verdadeiro, ou seja, quando se gostaria de dizer "não". É aqui, então, que o estresse pode surgir.

Saber dizer "não" quando se quer dizer "não", "sim" quando se que dizer "sim" e "talvez" quando se quer realmente dizer "talvez", tem a vantagem de facilitar os relacionamentos, já que assim é possível saber exatamente o que esperar das pessoas. Isso diminui a incidência de mal-entendidos e críticas indiretas, além de melhorar as relações interpessoais.

Bons relacionamentos, no entanto, não podem ser conquistados à custa de temperamentos introvertidos, já que há aí um grande risco de se obter justamente o contrário do que se deseja, ou seja, a deterioração dos relacionamentos a longo prazo. O esquema a seguir mostra o caminho para se aceitar ou recusar da melhor maneira possível.

Aceitar ou recusar

Solicitar detalhes

↓

Aceitar ou recusar de maneira clara e precisa:
"sim" quando for "sim", "não" quando for "não"
e "talvez" quando for "talvez"

↓

Utilizar a técnica do "disco riscado", se necessário

↓

Em caso de recusa, propor uma alternativa

↓

Concluir animadamente

Geraldo e Mirela: "Do que se trata, exatamente?"

Geraldo pede um favor a Mirela: "Você pode tomar conta de uma das barracas da festa da escola, no próximo sábado?"
Mirela: "Do que se trata, exatamente? Qual a barraca, em que horário e por quanto tempo?"
[Solicita detalhes]
Geraldo: "Você precisaria estar lá às 15h para deixar tudo preparado para a festa, que começa às 18h e termina à noite, depois que todo mundo sair."
Mirela: "Não, eu não posso. O que posso fazer é ajudar a montar e a arrumar a barraca, mas não posso ficar lá."
[Resposta clara e precisa. Ela não se desculpa, não se desvia do assunto, não explica, mas diz o que pode fazer]
Geraldo: "Se você puder vir ajudar, já é bom. Então, nos encontramos às 15h."

Fazer um elogio

"A sinceridade e a honestidade devem imperar entre amigos", porém, "os pequenos presentes fortalecem uma amizade". Dizer aos outros o que eles fazem de bom ou o que se pensa de positivo sobre eles, superadas as primeiras desconfianças e resistências, tem um resultado especial sobre todo o ambiente relacional. Considerando a característica da cultura ocidental, bastante pessimista, é comum as pessoas sentirem falta de apoio, o que leva a sentimentos de desânimo e depressão. Enaltecer os aspectos positivos dos outros é recompensador: é como regar algo que se quer ver crescer.

Por outro lado, realçar apenas o que não é bom aumenta a probabilidade de que só se desenvolva o que não convém. Observações positivas estimulam o lado positivo das pessoas. O esquema a seguir dá dicas de que caminho seguir para elogiar corretamente.

Fazer um elogio

Pedir autorização
("Posso dizer o que eu penso?")

↓

Verbalizar direta e
precisamente o elogio

↓

Utilizar a técnica do "disco riscado", se necessário

↓

Concluir animadamente

FÁBIO E JÚLIA: ELOGIOS SINCEROS

Fábio para Júlia: "Bom dia, Júlia, posso te dizer minha opinião sincera?" [Pedir autorização]
Júlia, um pouco desconfiada: "Sim, claro que pode."
Fábio: "O conjunto de documentos que você entregou na última quarta-feira está perfeito. Acho que você fez um trabalho, muito bom mesmo." [Verbalização direta e precisa]
Júlia, enrubescendo: "Eu agradeço, mas realmente não foi nada." [Júlia minimiza o seu trabalho, o que é bastante comum]
Fábio: "Foi sim, estava perfeito. Veja a organização dos documentos." [Utilização da técnica do "disco riscado"]

Receber um elogio

Receber um elogio pode ser, paradoxalmente, incômodo. É comum confundir a aceitação do elogio com falta de modéstia ou como um "favor a se retribuir". As pessoas que se sentem mal ao aceitar elogios têm uma visão pessimista. Elogiadas, tendem a destacar o que não vai bem com elas próprias mais do que aquilo que vai bem.

Por outro lado, recusar um elogio é sempre embaraçoso, o que pode resultar, com o tempo, em menos elogios e mais críticas. Habituar-se a receber elogios e se acostumar a fazê-los torna o ambiente relacional mais agradável, minimizando o estresse. O esquema a seguir apresenta um "plano de ação" para receber um elogio com toda a serenidade.

Receber um elogio

Escutar o elogio
↓
Identificar se o elogio é justo, injusto ou vago
↓
Adaptar o próprio comportamento ao elogio
↓

Justo	**Injusto**	**Vago**
↓	↓	↓
Aceitar o elogio sem modeestia	Aceitar o elogio e depois esclarecer a verdade	Detalhar como o elogio é útil
↘	↓	↙

Concluir calorosamente

Pedro e Juliana: paternidade consciente

Pedro e **Juliana** são casados e conversam sobre o filho Nicolás.
Juliana: "Estou muito feliz com a ajuda que você dá aos deveres do Nicolás. Eu não poderia fazer tudo sozinha."
Pedro: "Tenho prazer em ajudar."
[Aceita elogio sem modéstia, elogio específico]

Iniciar uma conversa

Escolher um assunto simples, em geral extraído da situação comum

↓

Falar das próprias preferências

↓

Escolher assuntos positivos

Iniciar e manter uma conversa

Algumas situações levam a mal-entendidos, com repetição de frases como "não sei o que dizer", "o que vão pensar de mim?", "fico sem jeito". Conversações, porém, permitem aumentar as relações de amizade, ensinam às pessoas a se sentirem à vontade com os outros e vice-versa. Privar-se de encontros, da convivência, de ensinamentos e aprendizagens mútuos seria uma pena.

A primeira habilidade a ser adquirida, portanto, é aprender a iniciar uma conversa, para isso pode-se seguir o esquema acima. A habilidade de falar sobre coisas simples, com a única finalidade de se apresentar e de conhecer o outro, poderá tornar-se um hábito digno de recompensa.

José: reunião na escola dos filhos

José se encontra numa pequena recepção, logo após o concerto apresentado por seus filhos. Há muita gente a seu redor e ele se sente deslocado no meio dos outros. Ele se dirige ao vizinho mais próximo: "não me falta entusiasmo ao ver o progresso das crianças. Em um ano, elas já sabem o bastante para apresentar um espetáculo. Você conhece bem esta escola de música?"
[Assunto simples, tirado do contexto, preferencialmente positivo]
Interlocutor: "Sim, certamente. Todo ano eles fazem um trabalho muito bom nesta escola!"
José: "Alberto, meu filho, começou a tocar clarinete há exatamente um ano. No começo, não sabia bem se era esse o instrumento que ele queria."
[Fala de si, quer dizer, neste caso, de seu filho, mais do que dos filhos do interlocutor]

Manter uma conversação

Nesse caso, é importante utilizar componentes verbais e não-verbais, para desenvolver uma escuta participante e ativa

↓

O melhor é fazer perguntas abertas que exijam respostas mais amplas, em vez de simplesmente "fechar" as questões. Por exemplo: "o que você pensa de Ana?" exige uma resposta mais detalhada do que "você gosta da Ana?", cuja resposta pode ser um simples "sim" ou "não"

↓

Explorar um tema pelo qual se tem verdadeira paixão sempre acaba despertando um vivo interesse no interlocutor

Reiniciar uma conversação

Uma vez iniciada, a conversação pode, de repente, parar. Na maioria das vezes, é apenas um momento de embaraço.

Saber reiniciar uma conversa permite ir mais longe, recolher mais informações e deixar o outro à vontade.

A CONVERSA DE JOSÉ COMO OUTRO PAI

Interlocutor: "Eu também, eu tenho duas crianças na escola. A menininha ali é a Emília e aquele rapaz alto, o Jaime. Com certeza, é trabalho suficiente para eles e para nós!"
[Escuta participante]
José: "Como foi que eu agi? De repente, Alberto não queria mais tocar, me perguntei se não seria por causa do instrumento, que não lhe agradava."
[Falar de si, pergunta aberta]
Interlocutor: "Nesse caso, é sempre melhor insistir, e só mudar se tiver realmente certeza. Eu tive o mesmo problema com os dois. Mas me mantive firme e não me arrependo!"
José: "Acho que vou agir como você se isso voltar a acontecer. E me pergunto se não vou eu mesmo estudar música! Isso me agradaria muito!"
[Exploração de um assunto de conversação]

Encerrar uma conversação

É comum algumas vezes estar numa situação inversa: falar demais faz perder tempo e desviar do que se quer. É o caso da multiplicação de reuniões ou de discussões intermináveis a respeito de um problema que só a ação poderia resolver. Torna-se, então, útil saber encerrar a conversação mantendo uma boa relação com o interlocutor, seguindo-se o "plano de ação" a seguir.

Caio: um médico atencioso

Caio é médico e recebe diariamente muitos telefonemas. A sra. Lima está na linha: "doutor, estou ligando para saber se seria melhor eu consultar um especialista. Meus amigos me dizem que sim, meu marido diz que não. Preciso de sua opinião."

Dr. Caio: "Desculpe-me por não poder ajudá-la agora, sra. Lima, preciso analisar o problema. Precisamos de tempo para discuti-lo, a fim de escolher a melhor solução. Imediatamente, não tenho como responder. A senhora poderia vir até o meu consultório, com seu marido, na próxima quinta-feira às 10h?" [Auto-afirmação simpática, proposição de um compromisso]

Sra. Lima: "Eu precisaria de sua opinião, doutor, não sei realmente o que fazer, tenho dores nas costas e me disseram que talvez seja preciso operar."

Dr. Caio: "Esse é um problema delicado, não há condição de discuti-lo agora. Veremos isso na quinta-feira com calma, será importante para a senhora! Bem, tenho um paciente me aguardando. Até quinta-feira às 10h, sra. Lima!"[Utilização da técnica do "disco riscado"]

Cada solução apresentada aqui serve como um guia, não como uma regra. A conduta a ser tomada deverá ser adaptada a cada situação, mas, de maneira geral, trata-se de exprimir conselhos ou sentimentos, sempre mantendo uma boa relação com o interlocutor. Isso tem um impacto positivo sobre o estresse, porque a relação com o outro influi sobre a qualidade de vida de todos: quando alguém se sente bem com os outros e a recíproca for verdadeira, a probabilidade de felicidade se torna maior.

RESUMO

"Resolução de problemas" e "Tomada de decisões"

O método de "Resolução de problemas" consiste em definir precisamente o problema, procurar todas as soluções possíveis e, a partir da avaliação das soluções, escolher a mais apropriada para finalmente poder agir. O fato de estruturar a conduta a ser adotada permite passar à ação rapidamente e evitar perda de tempo e de energia com possíveis hesitações.

A "Tomada de decisões" se faz com a ajuda de uma "Árvore de decisões", que permite avaliar, por meio de cálculos, vantagens e desvantagens de várias decisões. A pior delas, em caso de dúvida, é sempre "não tomar nenhuma decisão".

RESUMO

Auto-afirmação

Existem três tipos de comportamento: inibido, agressivo e seguro.

1. Quando alguém tem um comportamento predominantemente inibido, faz poucas conquistas e pode se sentir um "pateta", ser superprotetor ou agressivo. Sentir-se estressado é comum e a evolução para a depressão não é rara.
2. Quando uma pessoa apresenta um comportamento freqüentemente agressivo, ela faz mais conquistas do que se apresentasse um comportamento inibido. Do ponto de vista relacional, os conflitos são numerosos e o isolamento é freqüente. O risco de doenças cardiovasculares, ligado ao estresse gerado por comportamento de tipo A *(ver p. 23)*, é mais elevado.
3. Ter um comportamento seguro permite obter mais, fazer mais conquistas e melhorar a relação com os outros. Trata-se, portanto, de um bom comportamento para administrar o estresse.

Quando uma pessoa está exposta a grandes estressores relacionais, torna-se necessário treinar a auto-afirmação nas diferentes situações.

Resolução de problemas

Escolha um problema de trabalho ou da vida pessoal, mas que não seja muito significativo.

1. Identifique o problema: surgiu em que circunstâncias e quais as conseqüências?
2. Faça uma lista de todas as soluções possíveis, mesmo as que possam parecer inúteis.
3. Avalie a eficácia de cada solução em função da finalidade e dos meios necessários para sua realização.
4. Estabeleça os meios necessários e viabilize-os.
5. Aja.
6. Avalie os resultados.

Aplicar várias vezes este método, de maneira progressiva, começando pelos problemas mais fáceis até chegar aos mais difíceis.

Fazer uma "Árvore de decisões"

Escolha uma decisão a ser tomada.

1. Certifique-se de que compete a você mesmo essa decisão.
2. Aplique uma "Árvore de decisões".
3. Quais são as conseqüências sobre suas emoções?

Praticar a escuta

A - Identificar situações em que a comunicação com os outros é problemática, revelando verdadeiros "diálogos de surdos", "defesa antes do ataque", "qüiproquós". Analise essas situações e onde a comunicação tem problemas:

1. O que não funciona?
2. Qual é a mensagem enviada?
3. Qual é a mensagem recebida?
4. Quais são as emoções dos interlocutores?

B - Experimente escutar, de maneira passiva, um rádio ou uma conferência:

1. Por quanto tempo você consegue se concentrar?
2. Resuma o que você ouviu. O que você memorizou?
3. Tente aumentar seu desempenho progressivamente.

C - Treine para escutar, de maneira participante, a fala de alguém, aprovando com acenos de cabeça, olhando para o interlocutor, acentuando suas verbalizações com pequenas palavras e onomatopéias.

1. Quais são as conseqüências da atenção que você presta à conversação?
2. Quais são as conseqüências sobre o outro?
3. Ele fala por mais tempo?
4. Ele está mais à vontade?
5. Ele é encorajado a continuar a falar?

Faça o inverso: escute alguém sem participar de tudo o que ele diz e sem olhá-lo nos olhos.

1. O que acontece?
2. A pessoa é encorajada a continuar a falar?
3. Como você se sente agora?
4. É penoso?

D - Pratique a escuta ativa.

1. Em uma conversação, verifique o conteúdo da mensagem que você ouviu, fazendo um resumo para o seu interlocutor.
2. Corrija sua percepção das coisas, se necessário.
3. Repita o exercício, pedindo, por exemplo, uma informação na rua e verbalizando para o seu interlocutor o que você compreendeu.
4. Examine da mesma maneira, a cada vez que for preciso, se a pessoa com quem você fala compreendeu bem sua mensagem.
5. Examine (a comunicação) sem interpretar o conteúdo não-verbal, sempre que for útil fazê-lo. Por exemplo, se alguém faz uma mímica facial que pode exprimir dúvida, verifique se isso realmente ocorre ou não passa de uma impressão.

E - Pratique regularmente os três tipos de escuta, sempre que puder, adaptando o método às circunstâncias que se apresentam. O risco de uma má comunicação será reduzido consideravelmente.

Praticar a auto-afirmação

Observar uma situação relacional na qual você experimenta uma reação emocional ou de estresse.

1. Qual o tipo de situação: é um pedido, uma aceitação, uma recusa, um conselho, uma opinião, uma crítica ou um elogio? É o início, a seqüência ou a interrupção de uma conversação?
2. O estresse relacional desempenha papel principal no conjunto das situações estressoras a que você é submetido? Qual é a proporção, em porcentagem?
3. Se o resultado se situa além de 40%, quais são as situações mais desagradáveis e as que mais se repetem?

Existem duas possibilidades de treinamento:

A - Fazer um plano mais apropriado à situação principal.

1. Qual é a melhor maneira de resolver definitivamente o problema, melhorar a relação com o outro e fazer com que eu me sinta bem?
2. Quais as ferramentas que disponho para gerenciar esta situação?
   - Treinar repetidamente (primeiro na imaginação) da mesma forma que se estuda uma lição ou se interpreta, noite após noite, o mesmo papel numa peça de teatro, até que a conduta a seguir pareça clara.
   - Uma variação: imaginar-se como uma outra pessoa, habitualmente à vontade naquela situação. Tentar imitar sua maneira de agir, primeiro na imaginação, para depois aplicá-la no plano real.
   - Se for possível enfrentar diretamente a situação no plano real, passar à ação e medir o resultado: "obtive o que desejo?", "a relação com o interlocutor manteve-se a mesma ou melhorou?", "sinto-me melhor depois disso?".
   - Se a situação principal puder ser enfrentada por meio de pequenas etapas, tentar fazê-lo. Expor-se aos poucos, sempre medindo os resultados obtidos.
3. Repetir com freqüência o teste, até que ele se torne um hábito.

B - Normalmente, as situações cotidianas, como pedir uma informação na rua, são mais fáceis de enfrentar do que as profissionais ou as pessoais. O treinamento por etapas, começando pelas mais fáceis, prepara você para as etapas mais difíceis.

1. Preparar uma lista de situações de acordo com o grau de dificuldade, começando pela situação mais fácil.
2. Repetir com freqüência o exercício, até tornar-se um hábito.

Parte IV

Viver sem estresse

Capítulo 8

CONQUISTAR UMA VIDA SAUDÁVEL

Quando o estresse persiste, sobretudo durante o período de adaptação, é comum tentar "resistir à fadiga", recorrendo ao fumo, ao álcool e a excessos na alimentação. Essas compensações têm um efeito imediato aparentemente benéfico, mas a médio e longo prazo se tornam prejudiciais, porque aumentam o estresse e trazem conseqüências prejudiciais à saúde como obesidade, colesterol alto ou o desenvolvimento de um câncer.

Um outro efeito do estresse é a aceleração do ritmo de vida, em que o trabalho consome a maior parte do tempo, reduzindo a duração das refeições, do sono, do lazer no final de semana e da atividade física indispensável. Essa seqüência de pequenos abusos faz com que o organismo não consiga recuperar a energia despendida, gerando uma má qualidade de vida. Daí se instala, conseqüentemente, um circulo vicioso que só piora os problemas de estresse, chegando a gerar doenças graves.

Alimentação

O aumento dos triglicérides no sangue, no mesmo nível do colesterol, decorre em parte de uma alimentação com alto teor de gorduras, a qual favorece o aparecimento de doenças cardiovasculares e metabólicas.

O resultado da "superalimentação" e do excesso de peso que hoje afeta inúmeros países gera graves conseqüências para a saúde pública.

O estresse exerce um papel de destaque nas disfunções alimentares, por duas razões:

- comer, principalmente doces e chocolate, acalma. Em caso de estresse, a pessoa pode se acostumar a beliscar. O efeito de bem-estar é imediato e provoca a vontade de comer mais. Há ainda a evolução desses hábitos para a bulimia, que culmina com a perda de controle sobre a quantidade de alimento consumida, o que exige controle e tratamento médico especializado já que se trata de um problema que traz sérios prejuízos para a saúde;

- a ansiedade leva muita gente a engolir rapidamente os alimentos, hábito que, somado a desequilíbrios constante entre lipídios, protídeos e glicídios na composição das refeições, constitui-se uma alimentação de má qualidade, geralmente gordurosa.

O hábito de "beliscar", ou seja, comer o dia todo, de manhã até a noite, é difícil de se modificar: ele se torna parte do dia-a-dia. Ao se tentar modificá-los, é comum apenas conseguir substituí-los – por novos hábitos.

Regimes rigorosos e "agressivos", que provocam um emagrecimento rápido, geralmente levam à retomada do peso e, pior, ao aumento do peso anterior.

A melhor, mais saudável e correta maneira de se alimentar é fornecer ao organismo uma alimentação equilibrada e necessária a seu bom funcionamento.

Jorge: Tudo errado

Jorge é diretor comercial e nunca tem tempo para nada. Desde cedo está apressado. Mal acorda toma uma única xícara de café, que bebe ao se barbear, enquanto fuma seu primeiro cigarro do dia. No carro, a caminho do trabalho, ele come bombons e outros docinhos.

Por volta das 13h, Jorge faz uma refeição rápida numa lanchonete ou come até se fartar num almoço com um cliente. Durante a tarde, ele belisca alguns doces e salgadinhos e, à noite, janta muito bem.

O que significa comer até se fartar? Significa que o balanço calórico diário é pesado demais, há um excessivo consumo de açúcares e de gorduras, algo prejudicial à saúde e que Jorge adota num ritmo frenético: não faz nenhuma refeição pela manhã, belisca durante o dia, faz uma refeição desequilibrada ao meio-dia (sempre muito rápida ou muito farta), come mal à noite, geralmente uma alimentação pesada demais para a hora de dormir. Qual resultado? Jorge engordou 20kg em quatro anos!

Como equilibrar a alimentação

Uma alimentação equilibrada tem efeito decisivo sobre a saúde e a qualidade de vida: ambas atuam diretamente sobre o estresse. Esse equilíbrio alimentar fornece o "combustível" necessário para o gasto energético do cotidiano e sem aumentar as reservas gordurosas.

Para saber mais, é importante conhecer alguns pontos desse tipo de alimentação.

Refeições equilibradas

É importante comer em função da energia a ser gasta durante o dia. É comum as pessoas desprezarem a refeição matinal, saindo de casa com a "barriga vazia" pela manhã, o que justifica as refeições pesadas do meio-dia e da noite. A refeição da noite é com freqüência excessiva: come-se muito tarde e logo antes de dormir. Durante a noite, a assimilação dos alimentos e sua transformação em gorduras é muito maior por causa do gasto energético mínimo: à noite, os alimentos são superaproveitados pelo organismo e isso faz engordar.

Uma refeição equilibrada corresponde a um bom café da manhã, um almoço que atenda às necessidades das atividades diárias e um jantar servido cedo e, de preferência, leve, salvo quando houve grande gasto de energia, caso de uma atividade esportiva "vespertina".

Uma dieta "racional"

A natureza da alimentação também deve ser levada em consideração. Dietas são desequilibradas quando compostas por excesso de carnes, gorduras e de açúcares de assimilação rápida (doces, bebidas, sorvetes, bombons, chocolates), por quantidade insuficiente de açúcares de assimilação lenta (arroz, massas) e pouquíssimas fibras (legumes e frutas).

Uma refeição equilibrada precisa conter quantidade suficiente de fibras, sob a forma de salada, legumes, um pouco de carne, salsichas, queijo (com pouca quantidade de proteínas e gorduras saturadas) e, em caso de muito esforço físico, açúcares de assimilação lenta, como massas, arroz e amidos.

O problema dos "alimentos gostosos" como queijos, carne, molhos, salsichas e sobremesas açucaradas não está em seu consumo ocasional, mas na ingestão diária. Excessos esporádicos não fazem mal, mas os abusos diários prejudicam a saúde.

Em caso de dificuldade para se alimentar corretamente, existe um método interessante de controle de alimentação. Consiste em observar cuidadosamente e anotar a alimentação ingerida todo dia, da seguinte maneira:

- classificar o consumo de alimentos: refeições, "beliscos", bebidas;
- classificar o tipo e a quantidade de alimentos consumidos.

A partir daí, os erros na dieta alimentar serão facilmente identificados e reparados. Basta corrigir excessos e descontroles logo no início.

Regras elementares

Se o ritmo das refeições é desequilibrado, pela ausência da refeição matinal ou por um jantar farto demais etc., ideal é começar por um café da manhã mais "racional", mesmo que isso exija um certo esforço. Um jantar leve (sopa e fruta, por exemplo) ingerido bem mais cedo do que de costume também é fundamental. Ao final de alguns dias, adquirindo-se este hábito, melhorias no bem-estar são significativas.

DICA

Se no começo for impossível parar de beliscar, é interessante substituir o teor calórico dos alimentos, trocando-os por não-calóricos. Por exemplo: maçãs verdes, guloseimas sem açúcar, biscoitos com fibra. O mesmo procedimento é recomendado para as bebidas.

Para a maioria das pessoas que "beliscam" com freqüência e não conseguem parar, existe uma solução comum: eliminar esses "objetos" de tentação. Adeus, portanto, aos docinhos e amendoins da bolsa, às barras de chocolate no carro e na gaveta do escritório etc.

Se o problema está na composição das refeições, que é desequilibrada, com excesso de ingestão de carnes, salsichas, queijos e açúcares, é preciso começar pelas fibras: saladas verdes ou variadas, em grande quantidade. Em seguida, comer só o prato principal e, melhor ainda, se estiver acompanhado de uma carne magra, de peito de frango na chapa etc.

Quando essas simples regras de alimentação não puderem ser seguidas, o problema alimentar adquire a forma de uma "dependência", de um hábito que não se pode mais superar e precisa ser controlado. Nesse caso, é fundamental procurar ajuda de um médico especializado.

Voltando ao exemplo de Jorge (*ver p. 140*), que nunca tem tempo e come o dia todo, um resumo de sua alimentação corresponderia a:

Quarta - feira	Alimentos
Café da manhã	Uma xícara de café preto
Carro, durante os trajetos	No total: duas caixas de bombons, uma caixa de docinhos
Escritório	Café (ao menos três copinhos), duas barras de chocolate
Almoço	Filé com fritas, pão, queijo, café
À tarde, no carro	Bombons
Jantar	Massas, carne de porco, duas latas de cerveja, duas taças de sorvetes de creme diante da televisão

Esse quadro coloca em evidência dois tipos de erros comuns nas dietas:

1. Na divisão de refeições: nada no café da manhã, só mesmo café; um jantar pesado demais, "beliscos" em excesso.
2. Na composição das refeições: excesso de açúcares de rápida assimilação, de embutidos e de gorduras. O consumo de álcool acontece no período noturno. Com esse tipo de alimentação, um aumento de peso de 20 kg em quatro anos é, no mínimo, esperado.

Mas, afinal, como levar uma vida sem estresse?

Jorge passou a organizar suas refeições de maneira diferente, estabelecendo regras simples:

1. Café da manhã completo: biscoitos, café e um doce de arroz.
2. Almoço com um único prato e uma salada.
3. Jantar mais cedo e mais leve: salada, sopa, uma fruta.
4. Eliminou as "boquinhas", suprimindo os bombons e doces que comia no carro e no escritório, e passou a controlar o seu ímpeto de comer "qualquer coisa a qualquer hora" com maçãs e barras de cereais. O resultado surgiu rapidamente: ele perdeu 15 kg em um ano e continua a manter o peso.

Para identificar desequilíbrios na própria alimentação, o teste "Observar a própria alimentação" (*ver p. 172*) é fundamental como um primeiro passo para corrigir hábitos prejudiciais, o primeiro de uma série visando a conquista do bem-estar.

Sono

O sono é uma necessidade, dormir é indispensável. A recuperação física e intelectual só pode ocorrer se o tempo de sono for suficiente; por outro lado, é interessante saber que é possível aprender dormindo.

O sono permite integrar a informação do dia e desempenha papel considerável nos processos da memória. Reduzir demais o tempo de sono aumenta a fadiga e diminui a capacidade de aprendizagem e memorização.

O estresse exerce grande impacto sobre o ritmo do sono e vice-versa. Pode resultar de uma insônia ligada à ansiedade e à estimulação ou de tendências comuns nas pessoas ativas, que retardam a hora de dormir para prolongar o tempo de trabalho.

Televisão

A televisão ocupa um lugar preocupante na ocorrência da "insônia voluntária", já que muitas pessoas permanecem horas diante do aparelho, mudando de canal até à exaustão. Quando isso ocorre, o tempo de recuperação não é mais suficiente e a fadiga, a irritabilidade e o estresse aumentam. Uma insônia "rebelde" pode se instalar em seguida.

Benedito: Luta contra o sono

Benedito é supervisor dos enfermeiros num hospital onde são comuns as situações estressantes: muitas hospitalizações a gerenciar, numerosos problemas com o pessoal do serviço e, às vezes, com os familiares dos pacientes.

As jornadas de trabalho de Benedito são tensas e há alguns meses ele vinha se sentindo mal antes de ir trabalhar. À noite, chegando em casa, na tentativa de prolongar a noite, adquiriu o hábito de lutar contra o sono, já que refutava a associação "dormir cedo para trabalhar cedo". Chegava, assim, a assistir televisão até o início da manhã, quando só então conseguia "apagar". Resultado: acordar para ir trabalhar se tornou cada vez mais difícil, o que fez com que a fadiga e a irritabilidade tomassem conta dele muito rapidamente.

Viagens e trabalho como vilões

Outro tipo de distúrbio do sono pode resultar do intenso ritmo de trabalho e de viagens de negócios. Profissionais sujeitos ao *jet lag* (desequilíbrio gerado pela exposição a diferentes fusos horários) e horários diferenciados de trabalho (longas jornadas malcompensadas por poucos e alternados dias de descanso) certamente apresentarão distúrbios de sono difíceis de serem tratados. A jornada noturna também tem efeito negativo sobre os ciclos do sono.

Organização do sono

O tempo de sono varia de pessoa para pessoa: algumas têm necessidade de dormir muito, outras menos. Por outro lado, há pessoas que dormem por horas, mas têm a sensação de que não dormiram bem, acordando ainda cansadas. Como despertaram várias vezes, elas costumam ter a impressão de que passaram a noite "em claro".

Despertar muito cedo e apresentar dificuldades para adormecer em seguida são indícios, muitas vezes, de uma síndrome depressiva, o que requer tratamento específico.

SAIBA MAIS

O tempo e a qualidade do sono são bons quando é possível acordar espontaneamente, levantar com facilidade, sentir-se em forma com a sensação de ter realmente descansado durante a noite.

Dormir mal é subjetivo

Despertar de outra maneira que não a que é indicada no quadro acima pode ser um indício de sono sem descanso e, portanto, de um problema a ser analisado.

Soluções para as perturbações do sono

O primeiro passo é analisar a perturbação em questão.

Dificuldades para adormecer

Na maior parte das vezes, as pessoas se deitam e tentam forçar o adormecimento por vontade própria, o que é impossível, pois isso só aumenta a vigilância. Outras vezes, são os rituais para dormir que se multiplicam: tapa-ouvidos, máscara de dormir, necessidade de silêncio absoluto etc. Esse última exigência, por sua vez, só agrava a insônia. Tentar suprimir todo o barulho ou tudo o que possa atrair a atenção acaba estimulando ainda mais a pessoa. Esforçar-se para não ouvir um barulho é o pior meio de ignorá-lo. O simples fato de alguém se dar uma ordem, do tipo "pare de pensar nisso ou naquilo", faz com que se pense mais ainda no assunto em questão.

Existem pessoas que transformam a própria cama e quarto de dormir em escritório ou local de lazer, e até mesmo em "refeitório". Trabalhar e comer na cama inibe o sono, pois, assim, associa-se a ela uma outra atividade que não a de dormir. Essa constatação permite se extrair um conselho bem simples: é preciso reservar o leito unicamente para dormir (e para as relações sexuais). Em caso de insônia, a pessoa deve se levantar e só voltar a deitar na cama quando sentir sono de novo, evitando nesse tempo desenvolver qualquer atividade de efeito estimulante.

Em busca do sono

No momento de adormecer, pode ser muito útil recorrer ao método do relaxamento imediato descrito anteriormente (*ver p. 58*), associado à evocação de imagens e de lembranças agradáveis.

Ao se retardar o momento de dormir, é importante se questionar:

1. Em qual estado de fadiga estarei amanhã de manhã?
2. Quando durmo muito, como me encontro – física e espiritualmente – no dia seguinte, na hora de enfrentar minha jornada de trabalho?
3. O que faço à noite é realmente tão necessário?
4. Assistir a tantos programas de televisão e mudar tanto de canal me acrescenta alguma coisa?
5. Será que não fico diante da televisão simplesmente para retardar a hora de dormir e de chegar no trabalho?

Depois de se questionar, é importante procurar "se reeducar para deitar". Quando o sono chegar, deixar-se adormecer, repetindo para si mesmo que esse é realmente um momento muito bom, um instante único para poder descansar e se recuperar. O fato de relaxar, com os olhos fechados, pensando em coisas agradáveis, pode ser de grande ajuda.

Para quem acorda à noite e não consegue adormecer facilmente, o melhor é levantar em vez de ficar na cama aguardando o sono ansiosamente. Uma vez de pé e em outro cômodo, pode-se praticar um relaxamento ou ler um pouco até que o sono chegue.

DICA

Quem desperta no meio do sono e apresenta dificuldades para voltar a adormecer, pode aproveitar para fazer uma atividade maçante ou mesmo ler um texto difícil: com certeza, o sono chegará logo.

Diferença de fuso horário

Quando os distúrbios do sono são causados por viagens freqüentes, de avião, as quais submetem o viajante à brusca mudança de fusos horários (*jet lag*), em especial no sentido oeste-leste, o problema é mais difícil de tratar.

Manter a regularidade dos horários (dormir mais cedo e acordar no horário habitual, segundo o próprio ritmo biológico) ou passar uma noite em claro, para compensar, pode ser útil para o caso de viagens esporádicas.

Mas, se as viagens são mais freqüentes e a quebra do ritmo recorrente, isso é um pouco mais difícil por causa da instalação de um hábito. Nesse caso, é útil manter períodos de mais de seis dias com os mesmos horários, que é o tempo mínimo necessário para a adequação do "relógio" biológico.

Quando se trata de um trabalho em horário incomum, como um serão, é aconselhável seguir a mesma dica. Mas se todos esses conselhos não forem suficientes, apesar de seguidos corretamente, o distúrbio de sono em questão necessita de tratamento específico. Uma consulta ao médico é indicada para solicitar exames complementares e decidir que terapia usar. O acompanhamento médico é fundamental nesses casos: não se deve recorrer por conta própria a medicamentos que relaxam e induzem ao sono, porque geralmente levam à dependência.

O teste "Otimizar o sono" (*ver p. 172*) permite identificar eventuais distúrbios, a fim de buscar soluções e orientação médica.

Atividade física

A vida atual é cada vez mais sedentária. Os trajetos são feitos de carro e o trabalho é sobretudo intelectual, o que leva as pessoas a ficarem sentadas a maior parte do tempo. A atividade física, portanto, fica reduzida, embora seja a grande protetora da saúde e do bem-estar.

O corpo humano é uma espécie de máquina que, para se conservar em bom estado, precisa ser usada: "quanto mais racional o seu uso, menor sua deteriorização". Praticar uma atividade física regular rende mais força, mais resistência e traz mais calma ao corpo e ao espírito.

Fonte de equilíbrio psicológico, a atividade física costuma receber de seus adeptos comentários do tipo "meu *jogging* é minha inspiração", "a montanha é meu equilíbrio", "se não ando de bicicleta durante a semana, me canso mais rapidamente", "sinto-me vivo quando lido com meu jardim. Mexer na terra, plantar, colher: isso me faz um bem enorme".

Esportes, caminhadas e jardinagem são, assim, uma questão de saúde. Em resumo, bons hábitos devem ser adotados e colocados em prática o quanto antes. Mais fácil, porém, é dar preferência no dia-a-dia a tudo que requer esforço físico: caminhar até o trabalho, deslocar-se mais a pé e menos de carro, preferir o metrô, subir escadas em vez de usar o elevador, evitar escadas rolantes e se exercitar numa esteira doméstica.

É interessante programar também atividades esportivas ou físicas, uma ou duas vezes por semana, como caminhar, correr, pedalar (mesmo que sejam as bicicletas ergométricas). É melhor dar preferência aos esportes básicos do que àqueles que exigem esforços breves e intensos.

Por outro lado, ao praticar esses exercícios, é importante praticá-los com orientação, em especial quem já tem mais idade.

A escolha de uma atividade é sempre pessoal: ela deve se integrar aos hábitos, dar prazer e ser passível de ser praticada. Não adianta alguém querer velejar regularmente se morar a 300km da praia ou da represa mais próxima.

DICA

Não se deve praticar atividade física intensa sem antes fazer um aquecimento ou mesmo treinar gradativamente – sobretudo quem tem mais de 40 anos.

Duas dicas, porém, são essenciais para se evitar agravar o sedentarismo típico da vida moderna:

1. Não fugir das atividades físicas do dia-a-dia, como caminhar, subir escadas, evitar elevadores e escadas rolantes.
2. Praticar exercícios físicos essenciais, como andar de bicicleta, correr, passear, praticar jardinagem etc. Escolher os que proporcionam bem-estar, prazer e satisfação pessoal.

Camila: O prazer da dança

Camila, 40 anos, cansava-se rapidamente quando se tratava de fazer um esforço físico. Sentia-se envelhecer e achava seu corpo “flácido”.

O balanço de suas atividades numa semana habitual colocou em evidência seu sedentarismo: ela passava ao menos oito horas por dia atrás de uma escrivaninha, sem nenhuma atividade física adicional. Além do mais, Camila tinha horror ao esporte.

A primeira etapa levou-a a praticar pequenas atividades físicas possíveis em seu dia-a-dia: subir as escadas do escritório, caminhar para almoçar fora da empresa, entregar pessoalmente os documentos e correspondências, em vez de chamar o office-boy.

Camila logo se surpreendeu ao sentir prazer em subir escadas e agora está bem menos cansada, mais disposta. O passo seguinte foi escolher uma atividade física indicada para ela e nada incômoda: a dança. Deu-se tão bem com a dança que, passados dois anos, Camila sabe que não poderia mais ficar sem praticar exercícios. Com essa nova atividade, ela se sente rejuvenescida e cada vez mais animada.

O teste “Escolher uma atividade física” (*ver p. 173*) ajuda a identificar que tipo de exercício é ideal para cada estilo de pessoa.

HÁBITOS TÓXICOS

O estresse coexiste com os hábitos tóxicos, soluções de curto prazo empregadas para melhorar o próprio desempenho ou acalmar. A médio ou longo prazo, os efeitos nocivos desses hábitos aparecem e são muitas vezes dramáticos – inclusive, agravando o próprio estresse.

Tabaco, álcool, café, medicamentos e produtos ilícitos, como maconha, e com maior gravidade, anfetaminas e cocaína, são os produtos tóxicos mais usados.

TABACO

Quando Jean Nicot, embaixador da França em Lisboa, enviou, em 1561, tabaco para Catarina de Medici, a fim de lhe aliviar as enxaquecas, não pensava que seu nome seria associado ao produto cujo consumo atingiu, nos últimos anos, cifras impressionantes.

Em 1960, a produção mundial de tabaco era de 3,6 milhões de toneladas; em 1993, atingiu 8,5 milhões de toneladas e continua a crescer. O tabaco é consumido na forma de cigarros e cada fumante tem seus próprios hábitos: tabaco claro ou escuro, cigarros normais ou *light*, com ou sem filtro, perfumados ou suaves, modo de fumar, pessoa(s) com quem fumar, quando e em que circunstâncias.

Na maior parte do tempo, o vício se instala progressivamente. O primeiro cigarro acontece geralmente na adolescência, com os amigos, como quase todo mundo faz. No início, é um prazer. Depois, fuma-se para controlar o estresse, finalmente tornando-se um vício.

Efeitos nocivos do tabaco

O consumo aumenta regularmente, de um maço a dois por dia, muitas vezes mais. Os pequenos e grandes problemas de saúde chegam depois.

A nicotina é o produto mais comumente citado nos estudos sobre dependência química. Trata-se de uma substância que age sobre o sistema nervoso central: estimula num primeiro momento, depois acalma. Melhora a atenção, a concentração e facilita certas aprendizagens. Sua ação sobre a secreção de adrenalina favorece o despertar e diminui a fadiga. Esses efeitos são procurados sistematicamente por fumantes que desejam se acalmar e se sentir bem, aumentando a sensação de controle sobre as situações.

Os efeitos desagradáveis atribuídos à nicotina são evidentes quando a pessoa começa a fumar: na primeira tragada, náusea e vertigem imediatas. Demonstrou-se que um fumante dependente suporta quantidades de nicotina muito maiores que um não-fumante. Este, por sua vez, considerando a hipótese de que fumasse sem saber, começando por cigarros de teores mais fracos, aos poucos ele aumentaria a quantidade de cigarros consumidos para conservar a quantidade necessária do produto em seu organismo.

A nicotina está sempre presente no tabaco e constitui entre 0,5% e 1,4% de seu peso bruto. Ela não é, entretanto, a única causa do efeito de dependência. Numerosas outras substâncias, como a miosina e a pirolidina são cada vez mais estudadas. Os principais perigos do consumo regular do tabaco são cada vez mais conhecidos.

Logo de início, a nicotina age sobre o sistema cardiovascular, acelerando o ritmo cardíaco e aumentando a tensão arterial. Esse efeito cansa o coração, correndo-se o risco de desenvolver angina de peito e infarto do miocárdio. Uma vez que, com essas reações, diminui o funcionamento das plaquetas sangüíneas responsáveis pela coagulação do sangue, aumentando sua adesividade, corre-se o risco de desenvolver trombose e ateroma, artrite dos membros inferiores e acidentes vasculares cerebrais.

O tabagismo somado a maus hábitos alimentares e a um ritmo de vida sedentário potencializa os efeitos tóxicos de cada um desses fatores, considerando ainda o fato de que os três causam doenças cardiovasculares. Há um risco adicional, ainda, para a mulher que associa fumo e anticoncepcionais.

O monóxido de carbono produzido pela combustão do tabaco provoca uma diminuição da eficácia da hemoglobina, produzindo o mesmo efeito de se estar vivendo permanentemente a mais de 200 metros de altitude. A hipoxia, que é a diminuição da taxa de oxigênio no sangue, pode se tornar um perigo para o paciente que sofre das coronárias.

É cientificamente comprovado que o consumo regular de fumo favorece o câncer dos brônquios, da laringe e também, embora ainda menos conhecido, o câncer da bexiga. Em geral, não há atualmente câncer de bexiga sem tabagismo. Como a fumaça do tabaco é irritante, tem conseqüências diretas sobre a parede dos brônquios, na forma de inflamação e secreções, diminuindo a mobilidade dos cílios encarregados de filtrar essas secreções. Isso conduz, a longo prazo, à "tosse do fumante", que é uma bronquite crônica, difícil de suportar e que pode provocar invalidez. Todos os fumantes se queixam de falta de ar.

Definitivamente, fumar não é bom para a saúde. Isso quase todos os fumantes sabem, mas saber não é suficiente para fazê-los parar: é preciso que eles mesmos queiram parar.

SAIBA MAIS

"Um maço de cigarros por dia, durante 15 anos, diminui a perspectiva de vida em cinco anos!"

Fumantes

Campanhas mundiais de conscientização vêm contribuindo para que o tabagismo diminua, embora a situação ainda seja preocupante. Jovens e mulheres estão hoje entre os principais fumantes e o tabagismo passivo também é alto, tendo sido registrado, em média, um aumento de 20% na mortalidade de não-fumantes expostos diariamente à fumaça em questão.

"Prazeres" do fumo

O papel social do fumo é evidente. A maior parte dos fumantes começa a fumar com outros fumantes. Os cigarros são oferecidos e trocados, permitindo "acesso" ao grupo. Fumar se torna um ato social relacionado a momentos agradáveis.

Cada fumante tem um estilo todo particular de fumar: o jeito de acender seus cigarros, a maneira de tragar, a escolha do fumo. Sente-se mais à vontade com seus hábitos e sua "identidade" de fumante.

O tabaco permite ao fumante diminuir o estresse e a ansiedade e se concentrar melhor no que faz. Alivia também imediatamente o efeito de perda.

Não se pode negar que o fumo proporciona certo prazer, associado às ocasiões em que é consumido. Existe, além disso, toda uma cultura tabagística em relação a marcas, origens dos tipos de fumo, similar ao que acontece com os vinhos. O prazer "oral" não está ausente e se torna um hábito importante na vida do fumante, que o compara ao prazer de comer ou de beber.

Mas o fumo também é irritante e não somente desagradável: sob efeito do calor da tragada, os fumantes procuram sentir no paladar um gosto amargo, como o do café, por exemplo.

Fumar significa, muitas vezes, comer menos, daí o fato de muita gente decidir começar a fumar porque quer emagrecer. Só que o contrário também é válido, porque quem deixa de fumar logo engorda.

A questão, no entanto, é avaliar se realmente vale a pena fumar diante de tantos efeitos nocivos para a saúde, por mais que o tabaco proporcione prazeres imediatos.

Vantagens e desvantagens do tabaco

Vantagens	Desvantagens
Melhora a atenção e a concentração	Favorece as doenças cardiovasculares: angina do peito, infarto, artrite, hipertensão arterial
Melhora a aquisição de certas aprendizagens	Desencadeia bronquite crônica com insuficiência respiratória
Diminui a fadiga e aumenta a vigilância	Favorece os cânceres dos brônquios e da bexiga
Proporciona prazer imediato	Potencializa os efeitos negativos do sedentarismo, do uso de anticoncepcionais e de dietas desequilibradas
Favorece os relacionamentos sociais	Causa dependência
Proporciona "estilo" de comportamento	Custa caro
Acalma o efeito da privação, permite gerenciar melhor o estresse e a ansiedade	É desagradável para os outros
Leva o fumante a comer menos	É perigoso para os outros (tabagismo passivo)

As vantagens são sempre imediatas e surgem a curto prazo. As desvantagens aparecem ao longo dos anos, causando sérios danos à saúde. As vantagens chegam bem antes das desvantagens, o que talvez exerça um papel decisivo na opção de muita gente ainda manter esse hábito tóxico, apesar de todas as informações hoje disponíveis sobre seus efeitos nocivos.

Marcelo e Sofia: Antes tarde do que nunca

Marcelo e **Sofia** vivem juntos há 12 anos. Ambos estão na faixa dos 40 anos e fumam regularmente, de manhã até à noite, desde a adolescência. Logo cedo, um cigarro cai bem e prepara para o dia. As crianças, Carolina e Daniela, de 10 e 8 anos, reclamam cada vez mais do cheiro e da fumaça, principalmente durante os trajetos de carro. E o pior: elas começaram a apresentar pequenos problemas de infecção das vias respiratórias.

Isso faz com que Marcelo e Sofia se sintam um pouco culpados, mas é impossível para eles parar de fumar. No trabalho, todo mundo fuma e as pausas servem para relaxar, fumando. Acham que se concentram melhor, ficam mais calmos e se "desestressam". Sofia tentou parar de fumar há dois anos e ficou tão irritadiça e transtornada que Marcelo lhe pediu para recomeçar. Ela também havia engordado muito naquele mês. Quanto a Marcelo, consegue passar a metade do dia sem cigarros, mas isso o deixa louco. Ele consome aproximadamente dois maços por dia.

Marcelo e Sofia reclamam de não estarem em boa forma física, da falta de fôlego e dos problemas de bronquite e laringite. Assistiram a um programa na televisão sobre a traqueotomia de pessoas que sofreram uma ablação cirúrgica na laringe – e ficaram apavorados. Isso fez com que procurassem ajuda para parar de fumar de uma vez por todas, enquanto estão vivos.

Gilson: Façam o que eu digo, não o que eu faço

Gilson tem 47 anos e é médico. Fuma desde os tempos de estudante, época em que o tabaco lhe dava mais disposição para ficar acordado à noite, durante os plantões. Tentou várias vezes parar de fumar, sem sucesso, apesar do apoio (e da censura) da esposa, que jamais tocou num cigarro.

A idéia de ter de parar de fumar provoca nele grande irritação e ansiedade, que escapam ao seu controle. Ele fuma entre cada consulta, em sua escrivaninha, a qualquer hora: é seu "momento de liberdade".

Diante de seu próprio hábito, sente-se sem credibilidade para aconselhar os pacientes a parar de fumar: a maioria ressalta que ele mesmo não consegue parar. Por outro lado, Gilson começa a se sentir fisicamente pior e com uma tosse incômoda e intermitente. Sua esposa tolera cada vez menos o tabaco e isso começa a trazer alguns problemas mais sérios para o casal.

Avaliar a própria dependência

O quadro a seguir permite identificar a própria dependência em relação ao tabaco. Basta somar as respostas e ver o resultado.

Escala de dependência em relação à nicotina de Fageström

Quando você fumou seu primeiro cigarro?	Cinco minutos depois de me levantar Entre cinco minutos e meia hora após me levantar Entre 30 e 60 minutos após me levantar Ao menos uma hora após levantar	3 2 1 0
É difícil para você não fumar nos lugares proibidos	Sim Não	1 0
Que cigarro do dia ou da noite é mais difícil de largar?	O primeiro da manhã Os outros	1 2
Quantos cigarros você fuma por dia?	10 ou menos De 11 a 20 De 21 a 30 31 ou mais	0 1 2 3
Você fuma mais nas primeiras horas da manhã que no resto do dia?	Sim Não	1 2
Você fuma mesmo se estiver doente e de cama?	Sim Não	1 0

Resultados:
De 0 a 4, você é pouco ou nada dependente.
De 5 a 6, você é dependente.
De 7 a 8, você é dependente demais.
De 9 a 11, você é dependente em excesso.
Se o total for superior a 5, existe a dependência. Quanto maior o total, maior a dependência.

Como parar de fumar

Parar de fumar é difícil quando o vício se instala. Os efeitos benéficos a curto prazo são tão evidentes e a abstinência tão difícil de suportar, que, apesar do desejo de não fumar, a maior parte das pessoas continua. Ou pára e recomeça.

O problema, portanto, deve ser levado a sério. A solução depende em grande parte da própria pessoa e de sua força de vontade para enfrentar esse desafio. Alguns preferem enfrentar isso sozinhos, outros apelam para a competência de especialistas ou para o trabalho em grupo. Existe a possibilidade de ajuda química sob a forma de medicamentos nicotínicos. Os tranqüilizantes devem ser evitados, dado o risco de criar uma nova dependência.

O princípio básico que deve ser admitido antes de tudo, para que haja probabilidade de sucesso, é a abstinência total: as reduções progressivas, já que o "consumo razoável" evolui, invariavelmente, levando à retomada do vício.

As quatro etapas seguintes aumentam as possibilidades de sucesso:

1. Saber motivar-se e decidir-se.
2. Analisar o próprio consumo e pôr em prática meios concretos disponíveis para parar de fumar, prevendo reações contra as recaídas.
3. Agir logo.
4. Manter a abstinência.

1. Saber motivar-se fortemente para tomar a decisão de abstinência

A abstinência necessita de uma motivação muito forte, que pode ser decidida em cima da análise das vantagens e desvantagens das recaídas, após parar de fumar. Se as vantagens de fumar se mantêm superiores e as desvantagens de parar de fumar continuam superiores, é ilusório tentar a abstinência. Quando menos se esperar, um cigarro será aceso. A velha brincadeira dos fumantes passa a fazer sentido: "parar de fumar é fácil! Eu, por exemplo, paro todos os dias!"

No caso do estresse, as vantagens do tabaco são consideráveis: ele acalma o nervosismo e as tensões, melhora o desempenho intelectual, permite a pessoa se concentrar melhor, traz um prazer intenso e imediato. Esse é um fator básico na dificuldade em se estabelecer uma motivação férrea e mantê-la a curto prazo.

A interrupção do consumo de tabaco desencadeia justamente o inverso: mais nervosismo e irritabilidade, menos concentração e falta do prazer que era proporcionado pelo vício. Mesmo que se considere que os benefícios de deixar de fumar, a longo prazo, são enormes – mais saúde e melhor forma física, menos riscos de doenças graves, mais qualidade de vida e economia (um fumante gasta, em média, 1/3 do salário mínimo por mês em cigarros) –, eles raramente conseguem superar os benefícios proporcionados a curto prazo.

A maioria dos fumantes tem uma vontade "intelectual" de parar de fumar. Esse desejo aumenta com o tempo, à proporção que aparecem os distúrbios: fôlego curto, bronquite crônica, risco cardiovascular mais grave. Os efeitos prejudiciais do tabaco desencadeiam inquietude, medo de estar doente etc. Mas uma motivação unicamente construída sobre a angústia não é suficiente.

Fica mais fácil acalmar a angústia ou ansiedade pensando em outra coisa e acendendo... um outro cigarrinho. "Isso sim acalma", costumam dizer os fumantes.

Pensar assim não resolve, portanto, é importante se indagar sobre a própria motivação para deixar de fumar e se preparar psicologicamente para isso. O método a seguir dá um bom resultado na maioria das tentativas.

- Em primeiro lugar, é preciso aumentar a atividade física. É melhor não utilizar mais o elevador ou as escadas rolantes, dar preferência às caminhadas e iniciar uma atividade física ou esportiva, escolhendo algo que seja compatível com a vida cotidiana. Observar o fôlego das condições atuais e após os exercícios mais intensos. Quem é fumante, logo vai constatar rapidamente o impacto negativo do fumo: o fôlego será mais curto, ocorrerá tosse, o ritmo cardíaco será acelerado e desagradável. Deve-se anotar numa folha de papel o que for observado e ler os resultados várias vezes, de maneira a se "impregnar" com essa "triste realidade" dos efeitos do fumo. Enfrentar a realidade é, portanto, um ótimo ponto de partida.
- Para quem continuou a fumar, um segundo momento consiste em observar a evolução das próprias condições de saúde: em alguns anos, o fôlego será mais curto, surgirá a possibilidade de desenvolver um câncer, de sofrer um infarto, de ter artrite etc. A lista de riscos é extensa. É importante, então, anotar as previsões na mesma folha e da mesma maneira "impregnar-se" com essas "tristes previsões", lendo-as muitas vezes até perceber a realidade ali latente.
- Imaginar, a seguir, o próprio estado três meses após ter abandonado o cigarro: como estará o próprio fôlego? E a forma física? Que atividades seria interessante retomar?

- Completar a análise com os benefícios proporcionados à vida cotidiana: o prazer de ter superado a necessidade de fumar, ter agora um ar mais saudável, não prejudicar mais a saúde das pessoas próximas etc.
- Após passar por essas etapas, deve-se pegar um cigarro nas mãos e observá-lo, ao mesmo tempo em que se faz as seguintes perguntas: o desejo de fumar ainda é latente? Como avaliar esse desejo de parar de fumar, numa escala de 0 a 100? (0 = eu não tenho nenhum desejo de parar de fumar e 100 = eu tenho grande vontade de parar definitivamente).

Ao fazer essa experiência, constata-se que o desejo de fumar e o de parar de fumar têm a mesma intensidade: é o que chamamos de ambivalência, ou seja, tendência a ter dois comportamentos opostos.

Em seguida, deve-se recomeçar a experiência, todos os dias, sem medo de repeti-la: os vícios são sempre repetitivos, logo, é preciso combatê-los com um método também repetitivo e intenso.

- Em geral, a ambivalência não se manifesta antes dos exercícios: as pessoas preferem fumar a acabar com o vício. Pouco a pouco, a ambivalência aumenta pela elevação das necessidades relacionadas ao desejo de parar de fumar. Enfim, numa terceira etapa, essa ambivalência diminui e as necessidades diminuem também.

O exemplo seguinte mostra a evolução dessas necessidades na proporção em que Gilson(*ver p. 153*) pratica o exercício.

Gráfico representando a evolução da ambivalência de Gilson

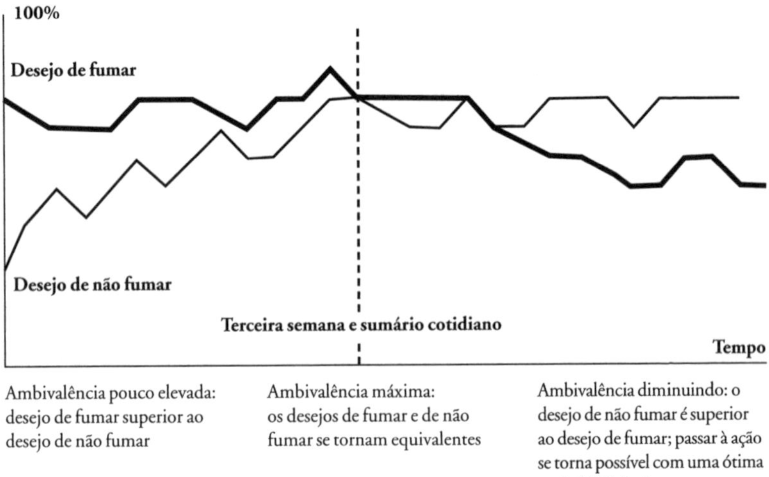

O cruzamento das curvas que representam o desejo de fumar e de não fumar se situa em torno da terceira semana de acompanhamento e de exercícios. Isso apenas comprova o fato de que o desejo intelectual e a aprendizagem se instalam realmente somente após um longo período de repetição intensiva.

2. Analisar o próprio consumo e recorrer a métodos para parar de fumar
Primeiramente, é preciso avaliar o próprio consumo diário, como ele se distribui ao longo do dia e evolui em função das atividades. Qual a influência que o trabalho exerce nesse hábito? O que representam, para esse hábito, os momentos de repouso, de descontração e o contexto relacional? Quais são as situações de alto risco?

A simples observação permite compreender melhor o funcionamento da dependência e encontrar soluções para combatê-la. É preciso, no entanto, não "fazer de conta" quando aplicar esse método de observação da realidade. É importante lembrar, ainda, que a percepção e a interpretação das situações não são neutras, já que existe grande tendência de as pessoas perceberem mais o que esperam do que aquilo que realmente acontece "de verdade".

Além disso, sem um levantamento objetivo, é impossível trabalhar a repetição necessária para se obter um bom resultado. Repetir as observações permite interiorizar novos hábitos e modificar definitivamente os antigos.

Durante a fase de observação, as ferramentas que permitem manter a abstinência e podem ser colocadas em prática gradativamente são as seguintes:

- relaxamento imediato e os exercícios respiratórios, com a finalidade de obter uma maior concentração. Os exercícios rápidos descritos anteriormente se integram com facilidade à atividade profissional;
- a meditação (ou a representação mental da imagem de algo agradável), muito parecida com o relaxamento imediato, que pode ser útil;
- os exercícios mentais que servem de laboratório para o indivíduo se preparar, especialmente quando se trata de alguém que fuma demais. Nesse caso, é preciso repetir várias vezes o exercício antes de parar definitivamente: mentalizar cenas em que recusa cigarros oferecidos; cenas em que não fuma quando alguém fuma a seu lado ou mesmo imaginar a si mesmo fazendo relaxamento em vez de fumar;
- jogos de dramatização com pessoas próximas ou com outros fumantes que também podem gerar bons resultados, uma vez ultrapassados os incômodos iniciais. Nesse caso, é bom recorrer à repetição, como se faz no teatro;

- condutas alternativas que devem ser previstas antes da interrupção do tabagismo, mas é importante que sejam não-tóxicas. Não se trata de substituir o tabaco pela alimentação calórica, por exemplo, por tranqüilizantes ou álcool. Beber somente água em pequenas quantidades é uma solução, assim como respirar ar puro ou, então, procurar sentir um cheiro agradável cada vez que o desejo de fumar se manifestar. As condutas alternativas, de fato, dependem dos gostos e do modo de vida de cada pessoa. O ideal é cada um procurar qual delas é a melhor para própria saúde;
- adesivos de nicotina (*patches*) ou chicletes que devem ser bem avaliados antes de serem utilizados. É importante perguntar-se: quais são seus efeitos secundários? Com os chicletes, levando-se em conta o gosto ruim que muitos deles têm e a possível irritação da mucosa bucal, é importante experimentá-los antes.

Gilson: Água em vez de tabaco

Para **Gilson**, a análise de consumo permite-lhe observar o seguinte:
"Eu fumo logo cedo e entre cada consulta, mas também fumo nos momentos de descontração. O fumo me estimula e acalma ao mesmo tempo, sobretudo quando estou irritado. Fumo mais pela manhã. À tarde e à noite, esse ritmo diminui. O risco principal da tarde se situa nos trajetos de carro para as visitas. Quando tento resistir à vontade de fumar, logo me sinto nervoso e tenso."
Antes de passar para a ação do dia, Gilson busca relaxar, a fim de melhorar a própria concentração no trabalho. Sua atenção foi dirigida para as situações de risco da manhã e ele adotou uma conduta alternativa, que é a de beber água com freqüência. Ao menos um copo entre cada consulta. Exercícios foram integrados aos trajetos de carro que ele faz à tarde, e um exercício de mentalização também foi determinado.
Gilson surpreendeu a si mesmo quando percebeu que faz o que é preciso automaticamente. Um adesivo de nicotina também está sendo utilizado, desde o início, para reduzir os sintomas da abstinência.

3. Passar à ação

Quando se chega a esse estágio, é preciso interromper radicalmente o consumo de tabaco. As "ferramentas" da passagem para a ação (relaxamento, exercícios respiratórios, exercícios de mentalização, condutas alternativas) a esta altura já foram testadas e aperfeiçoadas gradualmente, e as condutas adotadas nas situações de risco repetidas suficientemente. Os métodos de abstinência, como adesivos ou chicletes de nicotina, estarão à disposição e sua utilização terá sido bem planejada. Agora, trata-se de uma tentativa real e não mais de uma simulação. Uma experiência que dá certo e é de grande ajuda para a manutenção do resultado.

Durante o período de ação, é aconselhável manter:

- intensa vigilância;
- treinamento contínuo dos exercícios da fase anterior.

Após dez dias, em média, os efeitos da abstinência diminuirão sensivelmente e um certo conforto começará a se instalar, conforto esse que se deve aproveitar ao máximo.

4. Manter a abstinência

A recaída é sempre possível, mesmo após anos e anos de abstinência. Nesse caso, é importante parar novamente o mais rapidamente possível, com a ajuda de um planejamento, para que a volta não seja uma recaída definitiva.

De modo geral, o fumante que tem uma recaída e fuma um único cigarro, com o tempo terá atingido o mesmo nível de consumo de antes: um cigarro desencadeia todos os outros. Trata-se de uma lei bem conhecida entre os fumantes, em que se é vencido por antecipação.

De fato, a retomada da estratégia que foi bem-sucedida anteriormente basta para se voltar à abstinência, tão sistemática e rigorosa quanto da primeira vez.

Mas isso é cada vez mais fácil, porque a pessoa se beneficia do treinamento anterior. Uma recaída, em resumo, não deve ser ignorada nem supervalorizada, mas apenas conduzida normalmente.

Café

O consumo de café, que tem origem etíope, é muito antigo e se espalhou pelo mundo todo. A bebida negra é utilizada por suas virtudes estimulantes, embora a cafeína, sua substância ativa, seja encontrada também em outras bebidas como chás e refrigerantes do tipo cola, que têm menor teor de concentração.

A ingestnao de café, porém, pode ser um problema no caso de estresse. O alto consumo de café é chamado de cafeinismo e identificado por uma série de manifestações: ansiedade, irritabilidade, insônia e problemas funcionais e comportamentais como tremores, palpitação, agitação e um discurso confuso. Seus sinais mais comuns são ansiedade, irritabilidade e insônia, que em alguns casos torna-se crônica.

O cafeinismo pode surgir quando o consumo for superior a 250mg de cafeína por dia, o que corresponde a três xícaras de café coado. Não é raro observar que algumas pessoas bebem mais do que isso por dia.

Quando a ingestão diária se torna considerável, os efeitos positivos de estimulação são substituídos pelos negativos: angústia e irritabilidade. Conseqüentemente, a capacidade de concentração é reduzida, alcançando-se assim justamente o oposto dos efeitos desejados.

Diana: Excesso de cafeína

Diana era uma "máquina de beber café". Bebia várias xícaras ao longo do dia, a cafeteira estava sempre cheia de café fresco.
Da chegada ao escritório até o horário de sair, qualquer motivo para tomar um café era bem-vindo. Após alguns meses, Diana se sentia cada vez mais ansiosa, em "estado de alerta". Recentemente sofreu um ataque de pânico, com palpitações e sensação de falta de ar tão intensa que chegou a acreditar que fosse morrer de infarto. Queixava-se igualmente de tremores, irritabilidade e problemas digestivos. Assim que decidiu parar de tomar café, tudo voltou ao normal. Diana acredita que até mesmo sua capacidade de concentração tenha melhorado bastante, além de estar vivenciando uma sensação de calma jamais experimentada.

O teste "Avaliar o consumo e os efeitos do café" (*ver p. 174*) ajuda a identificar a ocorrência de cafeinismo, a fim de se procurar uma solução para esse hábito prejudicial, principalmente para o estresse.

Como agir

Tomar café é um hábito mais fácil de perder do que o de fumar. De maneira geral, com um pouco de motivação quase todo mundo consegue. Ao se parar de ingerir café, é possível perceber uma redução do nervosismo e da insônia. Se for difícil abandoná-lo de vez, pode-se, como alternativa, diminuir o consumo ou substituí-lo por um outro produto com menor dosagem ou sem cafeína, como chá, cevada ou até mesmo café, mas descafeínado.

Álcool

Os produtos fermentados apareceram há milhares de anos. Os primeiros destilados chegaram mais tarde, na Europa, provavelmente no século XIII; a bebida alcoólica passou a ser (e parece que ainda é para alguns) uma espécie de medicamento.

O álcool faz parte dos hábitos sociais: tomar uma cervejinha com os amigos, pagar uma rodada, partilhar o copo da amizade. Além disso, não beber pode incomodar ou envergonhar. Em geral, no entanto, ficar bêbado é algo malvisto, e ter um problema com bebida, isso sim, é vergonhoso.

Para a saúde, no início, a bebida com alto teor alcoólico era considerada um medicamento, assim como as bebidas fermentadas. O vinho foi considerado por séculos um fortificante, mas também valorizado por seu efeito analgésico e calmante. Atualmente reconhecem-se as propriedades medicinais do vinho: estudos mostraram sua ação na prevenção de doenças cardiovasculares e da doença de Alzheimer.

O debate, portanto, prossegue entre a novidade e os reais benefícios. Os detratores do vinho e do álcool têm, entretanto, realçado as conseqüências perigosas de um consumo excessivamente alto: embriaguez e doenças gravíssimas. Desde a Antigüidade, numerosos médicos estudam e alertam a sociedade para as patologias ligadas às bebidas alcoólicas.

Como a dependência se instala

O modo de se consumir álcool varia de um país a outro. Na Itália ou na França, por exemplo, os primeiros contatos são feitos no início da juventude e dentro do círculo familiar, enquanto, na Irlanda, assim como no Brasil, acontece mais durante a adolescência, em fins de semana com os amigos. De qualquer maneira, o aspecto social exerce papel fundamental: comemorar acontecimentos e participar dos mesmos costumes do grupo.

O álcool faz parte dos bons momentos e tem alguns efeitos benéficos a curto prazo. A ansiedade diminui, o efeito antidepressivo torna (artificialmente) a pessoa mais alegre e mais participativa.

O álcool pode ser utilizado também por suas virtudes antidepressivas e ansiolíticas. É o caso da pessoa que bebe sozinha, para se sentir melhor. Pouco a pouco, a bebida se torna indispensável e as quantidades de álcool aumentam. Trata-se do fenômeno conhecido por tolerância: o indivíduo suporta cada vez mais e melhor o álcool.

É o início da dependência, quando não ter "a dose" diária desencadeia um efeito de abstinência, marcado por tremores e mal-estar geral desde o começo do dia, efeito que só alguns copos conseguem fazer parar. O círculo vicioso tem início muito antes das inúmeras conseqüências negativas aparecerem: físicas (problemas de memória, polinevrite dos membros inferiores, problemas digestivos e hepáticos), psicológicos (o álcool acalma a curto prazo, mas favorece a depressão a longo prazo), familiares (dificuldades nos relacionamentos), profissionais (problemas no emprego) e sociais (dependente, viciado).

FLÁVIA: BEBER PARA ESQUECER

Flávia, de 36 anos, é dona de casa. Ela cuida de três crianças e se encontra freqüentemente sozinha ao tomar decisões relativas à sua vida familiar: dificuldades escolares, controle do orçamento, problemas em família, dificuldades com os sogros etc. Seu marido é simpático, mas trabalha muito e reconhece que não ajuda a mulher tanto quanto gostaria em relação às tarefas domésticas e à tomada de decisões. Todas as preocupações ficam com Flávia. E Flávia começou a beber há quatro anos. Lembra-se perfeitamente de uma enorme crise de angústia, seu coração batia muito rápido, sentia vertigens e transpirava muito. A crise veio logo após receber uma má notícia de seus pais: foi quando bebeu quatro copos de martíni de um gole só e imediatamente se sentiu melhor. Logo ela, que quase nunca bebia! Flávia passou a tomar um copo cada vez que queria "fugir" de suas preocupações e o hábito foi crescendo até o consumo de álcool se tornar regular, seis anos atrás.
Em certos momentos, ela necessitava de uma garrafa de martíni por dia.

Efeitos negativos do álcool
O etanol produz efeitos imediatos e, de início, geralmente agradáveis: deixa a pessoa alegre, acalma dores, angústias, estresse e depressão, além de ser um alimento que contém sete calorias por grama. Há quem diga ainda que é um bom estimulante.

Absorvido pelo tubo digestivo, é assimilado lentamente pelo estômago, mais rapidamente na altura do intestino delgado. Espalha-se com velocidade por 80% do corpo através do sangue. A alcoolemia mede a taxa de colesterol no sangue, expressa em gramas por litro.

Se a alcoolemia é fraca, em torno de 0,3 g/l (correspondente a um ou dois copos de vinho), num indivíduo não habituado a beber, surge uma sensação de bem-estar acompanhada de bom humor e uma desinibição que é apreciada pelas pessoas tímidas, já que favorece os contatos sociais. O risco nesse nível se situa, porém, nas reações reflexas, que se tornam mais lentas. Dirigir um veículo ou executar alguns trabalhos se torna perigoso. É por isso que na grande maioria dos países dirigir com um índice alcoólico superior a 0,5 g/l é proibido e classificado como crime.

Se o consumo de álcool é maior (1 a 2 g/l), surgem os sinais característicos de embriaguez: instabilidade no andar, dificuldades no falar, menor controle das emoções. Essa perda de controle pode vir com uma alegria desproporcional, irritabilidade e agressividade que sempre acabam em brigas e delitos. Via de regra, as pessoas envolvidas depois não têm a menor lembrança desses episódios. Acima de 2 g/l, elas ficam cada vez mais confusas, e a partir de 4 g/l acontece o coma alcoólico, que pode ser mortal.

Quando o consumo de álcool é crônico, diário, ou apenas em certos dias da semana (a chamada embriaguez de final de semana), a tolerância ao produto se torna maior e as pessoas suportam melhor sua absorção. Há quem não apresente jamais nenhum sinal, mesmo fraco, de embriaguez. A alcoolização por muito tempo é compatível com uma vida social normal, onde se integra perfeitamente.

A longo prazo, porém, as conseqüências orgânicas dessa "intoxicação" por álcool aparecem. Os primeiros problemas são neurológicos. O álcool é nocivo para as células cerebrais e desencadeia problemas de memória, como o que se verifica na Síndrome de Korsakov, em que o indivíduo afetado não consegue se fixar em novas lembranças, apresentando dificuldades em se concentrar.

O álcool é igualmente responsável por problemas de equilíbrio, além de lesões do cerebelo e da eventual aparição de crises de epilepsia. Dores nas pernas são freqüentes: a polinevrite dos membros inferiores quando em movimento é considerada insuportável.

Do ponto de vista digestivo, o álcool desencadeia gastrite. Também pode ocorrer pancreatite crônica ou aguda, um distúrbio extremamente doloroso.

A cirrose do fígado é provavelmente a doença ligada ao álcool mais freqüente. Trata-se de uma degenerescência do tecido hepático terrivelmente grave, que pode se degenerar em varizes esofagianas, cujo risco é a ruptura e a morte. Quando o diagnóstico é feito, a expectativa de vida é de dois anos, em média, e uma evolução cancerosa é altamente provável.

Outros problemas menos observados também estão ligados ao alcoolismo: problemas cardíacos graves, como a cardiomiopatia e o aumento de gorduras sangüíneas (em particular, os triglicérides), que favorecem as doenças arteriais.

O álcool tem papel agravante nos riscos de câncer digestivo ou câncer das vias aéreas. Nesse caso, é difícil separar os efeitos do fumo e do álcool: os dois vícios estão com freqüência presentes e relacionados à doença.

As vantagens e desvantagens ligadas ao consumo de álcool são resumidas no quadro a seguir.

Vantagens e desvantagens do álcool

Vantagens	Desvantagens
Efeito calmante sobre a angústia e o estresse	Diminui os reflexos
Efeito antálgico	Afeta a memória
Diminui a fadiga	Diminui a concentração e a atenção
Prazer imediato	Causa degenerescência cerebral, problemas neurológicos e psíquicos, cirrose do fígado e doenças digestivas.
Favorece relacionamentos sociais	Dependência.
Favorece adoção de um "estilo" nos comportamentos	Beber custa caro.
Acalma imediatamente os efeitos da abstinência	Conseqüências sociais, profissionais e familiares.
É um alimento calórico	Engorda

As vantagens são sempre imediatas e surgem a curto prazo. As desvantagens aparecem ao longo dos anos, causando sérios danos à saúde. As vantagens chegam bem antes das desvantagens, o que talvez exerça um papel decisivo na opção de muita gente ainda manter esse hábito tóxico, apesar de todas as informações hoje disponíveis sobre seus efeitos nocivos.

Hélio: Dupla perigosa

Hélio é advogado. Ele adquiriu o hábito de relaxar em casa, à noite, bebendo um, dois ou mesmo três copos de uísque. Com isso, ele se acalma imediatamente. Hélio andava com muitas preocupações profissionais, já que no trabalho se ocupa principalmente de empresas e a disputa vem aumentando muito, como também os "golpes baixos", moeda corrente da concorrência. Sua alcoolização se instalou gradativamente, tomando conta de seu dia-a-dia, o que terminou por inquietá-lo principalmente depois de ele ter lido um artigo que alertava sobre os prejuízos causados pela dupla estresse-álcool numa revista semanal.

Avaliar a própria dependência

O álcool acarreta dois tipos de problemas, sem que ainda se compreenda cientificamente se aparecem em continuidade ou constituem dois fatos isolados: abuso do álcool e dependência do álcool.

No caso do abuso de álcool, um consumo razoável pode ser enfrentado, mas no caso da dependência, só a abstinência completa traz bons resultados. Se na prática se verificar que ocorre um consumo razoável, é porque há dependência.

Para conhecer melhor o próprio grau de dependência, o teste "Avaliação de problemas com o álcool" é um bom começo (*ver p. 174*).

Como agir

O método para abandonar o álcool é similar àquele apresentado para o fumo (*ver p. 154*):

- saber motivar-se e decidir-se;
- analisar o próprio consumo e pôr em prática os meios concretos disponíveis para parar de beber, prevendo reações contra as recaídas;
- agir logo;
- manter a abstinência.

SAIBA MAIS

Um consumo razoável de álcool corresponde ao hábito de extrair da ingestão de bebidas alcoólicas apenas prazer e benefícios, sem afetar as capacidades intelectuais e físicas, nem o estado de saúde.

1. Saber motivar-se e decidir-se

Os efeitos calmantes do álcool são tão significativos que os benefícios imediatos prevalecem sobre as desvantagens. Motivar-se é, portanto, difícil.

Trata-se, como no caso do cigarro, de aumentar as vantagens de "não beber" em relação às vantagens de continuar bebendo.

A primeira etapa é fazer uma lista, esclarecendo alguns pontos: "sou dependente de meu consumo ou se trata apenas de um pequeno abuso?"

No primeiro caso, só a abstinência total e definitiva tem resultado; no segundo caso, basta a diminuição do consumo.

Para saber exatamente o que fazer, é recomendável se ater aos seguintes procedimentos e observações:

1. Testar a própria capacidade em parar definitivamente de beber por um período de 30 dias e sem sentir efeitos secundários como tremores, irritabilidade, mal-estares, sensação de privação;
2. Caso o período de abstinência não trouxer nenhum problema, avaliar qual seria a quantidade ideal para um "consumo razoável" de álcool, para assim, procurar cumpri-lo;
3. Se o período de abstinência causar privação, mal-estar ou tremores,

conscientizar-se de que a dependência já se instalou. É necessário e imperativo, portanto, consultar um médico que disponha de métodos para acompanhar a abstinência: dependência é um problema sério.

Dois casos podem se apresentar: beber regularmente ou beber eventualmente.

- No caso de um consumo regular, na prática é útil se limitar a menos de 1/4 de litro de vinho por dia ou o equivalente disso em dosagem alcoólica de outra bebida (por exemplo, 50ml de uísque ou de bebida alcoólica forte). A correspondência é feita por um cálculo simples a partir do teor alcoólico das bebidas. Além disso, o impacto sobre a saúde, as capacidades físicas (em geral, diminuição de reflexos) e intelectuais (perturbação da percepção e impacto sobre a memorização) é fácil de perceber.

Se o consumo é regular, além dos riscos para a saúde, há ainda a possibilidade de a dependência se instalar. A dependência passa, assim, a ser um ponto de "não-retorno", já que o único tratamento eficaz, nesses casos, é a abstinência total e definitiva.

- O segundo caso diz respeito ao consumo esporádico, geralmente reservado aos "bons momentos" em família e entre amigos. Beber raramente ou eventualmente, alternando pouco ou nenhuma bebida alcoólica, em geral não tem nenhuma conseqüência. Desde que não se pegue no volante após beber.

MITO

"Se faço muitas atividades físicas diariamente, posso me permitir beber mais álcool, pois eu queimo muito mais energia."

Realidade: Só a quantidade de bebida alcoólica ingerida é que conta, já que pode ser perigosa. Se uma pessoa suporta melhor o álcool do que outra, é porque está mais habituada e o fenômeno de tolerância aumenta. O perigo, porém, permanece.

Se os períodos de ingestão de bebidas alcoólicas forem inferiores a um mês, os mesmos riscos da ingestão diária e elevada estão presentes, inclusive o da dependência. Um exemplo típico é o costume de beber exageradamente nos finais de semana. Muito álcool todo final de semana leva às mesmas conseqüências que o consumo excessivo de álcool todo dia.

Se o "consumo não é razoável", quer dizer, se corresponde a uma quantidade de álcool superior a que foi especificada (*ver p. 166*), é importante analisar de perto o problema, questionando-se:

1. Em que momentos, com quem e em quais circunstâncias sou levado a consumir bebida alcoólica de maneira abusiva?
2. Que vantagens eu tenho em beber nesses momentos?
3. Quais são as desvantagens disso?
4. Quais são os riscos se eu continuar?

Após responder a essas perguntas, é possível avaliar, usando uma escala de 0 a 100, o próprio desejo em continuar a beber dessa maneira ou limitar a quantidade de álcool a 1/4 de vinho por dia.

Hélio: Desejos contraditórios

1. Em que momentos, com quem e em quais circunstâncias sou levado a consumir (álcool) de maneira abusiva?
À noite, em casa, para relaxar, para me concentrar melhor antes de um trabalho difícil; com clientes, para deixar o ambiente mais leve.
2. Que vantagens eu tenho em beber nesses momentos?
O álcool me acalma e além disso me sinto mais seguro.
3. Quais são as desvantagens disso?
Posso me tornar dependente. Tenho medo que comecem a perceber isso.
4. Quais são os riscos se eu continuar?
Tornar-me dependente e, pior ainda, acabar como G., que é alcoólatra e já não tem mais credibilidade alguma.
Se eu avaliar meu desejo em beber, usando uma escala de 0 a 100: **90**
Se avaliar meu desejo em diminuir o consumo, numa escala de 0 a 100: **100**
Constata-se, assim, que a ambivalência em Hélio é nítida: ele tanto deseja diminuir quanto continuar a beber. Em curto prazo, o desejo de beber vencerá.

Essa lista de perguntas permite favorecer, a longo prazo, a motivação para diminuir o consumo de álcool. Duas perguntas suplementares são úteis:

- Que vantagens eu teria se diminuísse a quantidade de álcool que estou acostumado a beber?
- Como e por que métodos posso conservar os efeitos benéficos proporcionados por meu consumo atual?

Esse último ponto permite levar à etapa seguinte.

SAIBA MAIS

O álcool pode acalmar, mas diminui os reflexos sem que a pessoa perceba. O risco de má avaliação e falta de limites aumenta logo no primeiro copo.

2. Analisar o próprio consumo e recorrer a métodos para parar de beber

O trabalho sobre a própria motivação já fornece informações sobre as situações e os momentos de risco. Os meios a se recorrer dependem muito das condições em que se bebe, mas entre eles estão:

- o relaxamento imediato, que poderá substituir o álcool e trazer os efeitos de calma desejados;
- a auto-afirmação, que proporciona excelentes ferramentas para saber recusar bebidas quando for necessário;
- as práticas alternativas (ler ou assistir a um filme, por exemplo);
- a Reestruturação Cognitiva, que permite comparar as desvantagens de longo prazo com as vantagens a curto prazo para, enfim, analisar as vantagens a serem conquistadas a longo prazo a partir de um controle eficaz para se parar de beber.

Esses métodos são, com toda certeza, "feitos sob medida" para serem aplicados em relação ao problema em questão, devendo ser praticados cuidadosamente.

3. Passar à ação e manter o resultado obtido

Quando os métodos forem corretamente aprendidos e repetidos, a decisão para se passar à ação chega rapidamente: será preciso, então, reduzir a quantidade de álcool ao equivalente a um $^1/_4$ de litro de vinho por dia, ou seja, um copo.

Para isso, toda a bebida alcoólica ingerida deverá ser devidamente anotada, dia a dia, em uma agenda, de maneira a se ter uma idéia precisa da evolução e do resultado alcançado.

Se o consumo puder ser planejado com antecedência, a tarefa será ainda mais fácil. Por exemplo: um copo de vinho no almoço, um copo de vinho à noite, no jantar ou um aperitivo ao meio-dia e um copo de vinho à noite.

É fundamental haver uma mudança de hábito assim como a aplicação sistemática desse método, até que ele se torne automático.

Com isso, manter o consumo abaixo de $^1/_4$ de litro de vinho não exigirá mais nenhum esforço.

Hélio: Três momentos-chave

1. As situações em que Hélio bebe acontecem:

• em casa, para relaxar;

• antes de um trabalho difícil, para se concentrar melhor;

• com os clientes, para tornar a atmosfera menos tensa.

2. Os métodos praticados foram:

• relaxamento imediato, para ele se acalmar antes de enfrentar problemas; e exercício de concentração para evitar a "dispersão mental";

• auto-afirmação, para gerenciar os conflitos relacionais;

• atividades alternativas, para relaxar após o trabalho (atividade esportiva, tratamento "à base de comédias musicais dos anos 50", em vídeo etc.).

Hélio planejou a quantidade de álcool a consumir , limitando-se ao consumo de vinho durante as refeições à mesa, no limite de quatro copos por dia. Essa redução de consumo se mantém após quatro anos.

Medicamentos

O estresse pode levar a estados ansiosos e depressivos, que ocasionam, com freqüência, a necessidade de recorrer a medicamentos. Os mais empregados são os tranqüilizantes da família das benzodiazepinas, que causam grande dependência, já que rapidamente acalmam o estresse e a insônia.

Pouco a pouco, porém, a ingestão de medicamentos se torna cotidiana e se corre o risco de aumentar as doses quando o efeito diminui. É o mesmo fenômeno da tolerância que acontece com o álcool.

Os efeitos de abstinência, como o mal-estar que surge quando há interrupção do medicamento, são muito graves e só acalmados por uma nova dose do medicamento. Enfim, os tranqüilizantes mais utilizados, do tipo benzodiazepinas, têm um efeito negativo sobre o processo de aprendizagem e de memorização.

Milena: Vida a base de tranqüilizantes

Milena toma um tranqüilizante muito eficaz há vários anos.

Toda manhã, ao meio-dia e à noite, ela ingere suas pequenas pílulas, sem as quais não poderia gerenciar o estresse do dia e conseguir dormir à noite.

As tentativas de diminuição do medicamento foram sempre catastróficas, desencadeando uma série de sintomas: palpitações, ansiedade, tremores e insônias. Ao ler um artigo que questionava a ação dos tranqüilizantes sobre a memória, Milena observou que já andava com problemas desse tipo, o que a motivou a consultar um médico para tentar interromper a medicação.

Avaliar a própria dependência

Quem ingere regularmente medicamentos tranqüilizantes há mais de três meses, pode-se considerar dependente. Para obter essa confirmação, basta parar de tomar o produto e ver o que acontece: se sentir os efeitos de abstinência de maneira a ser obrigado a recorrer a outro comprimido, é porque o diagnóstico está estabelecido.

Nesse caso, uma diminuição progressiva é o melhor dos métodos, sobretudo se ele for associado à prática de relaxamento.

Milena: Uma vida mais equilibrada

No caso de **Milena**, a diminuição foi equilibrada e reduzida a $^{1}/_{4}$ de comprimido durante 15 dias. Uma nova redução da posologia somente foi aplicada quando os sintomas de abstinência cessaram por completo. Milena também praticou bastante o relaxamento imediato, o que substituiu bem o efeito do tranqüilizante. Os problemas de memória desapareceram totalmente.

Outras drogas

Algumas vezes, outros produtos, geralmente ilícitos, são usados para gerenciar o estresse como estimulante (caso das anfetaminas ou da cocaína) ou como calmante (caso da maconha), ambos capazes de iludir facilmente com seus efeitos de curto prazo.

As anfetaminas diminuem consideravelmente a sensação de fadiga e o apetite, estimulam a atividade intelectual e dão uma falsa sensação de bem-estar. Elas permitem uma grande diminuição do tempo de sono, o que costumar ser "útil" para as pessoas que precisam render o máximo de si mesmas. A cocaína tem efeito similar ao da anfetamina e da maconha, por sua vez, tem efeito ansiolítico, atualmente objeto de inúmeros estudos científicos.

Os efeitos nocivos dessas drogas aparecem rapidamente. As anfetaminas provocam dependência e tendência a se aumentar a dose. A toxicidade se manifesta pela secura da boca, intensa transpiração, dores de cabeça, insônia rebelde e grande irritabilidade. Em extremos, provocam alucinações e um sentimento de perseguição.

A cocaína produz grande dependência e efeito de tolerância idêntico ao das anfetaminas, o que significa que há tendência a se aumentar as doses. A diminuição de seus efeitos leva à depressão e a mais consumo da droga.

Os danos psicológicos e suas conseqüências são, em muitos casos, irreversíveis. O risco de mortalidade decorrente de excessos de consumo e de doses (overdose) é assustador. O retorno ao vício, diante da impossibilidade de largá-lo, também é um problema sério.

A maconha também cria dependência, produzindo um efeito de relaxamento psicomotor que pode levar à indiferença. Os danos e as perdas sobre a memória e a aprendizagem são comprovados por diversos estudos, o que acaba por afastar seus consumidores dos estudos e atividades profissionais que requerem concentração. À maconha, enfim, são atribuídas alucinações, que podem levar à esquizofrenia.

Martim: Droga de vida

Martim era diretor comercial há cinco anos, quando consultou um médico pela primeira vez, por causa de um estado depressivo ligado à sobrecarga de trabalho. Ele realmente trabalhava muito. Um de seus amigos lhe ofereceu cocaína, cujos efeitos estimulantes e de euforia imediata foram muito bem-recebidos por Martim. Desde que passou a cheirá-la, tudo ficou mais simples e ele até estava se saindo bem nos negócios. Mas como na virada de um jogo, as repercussões negativas começaram a surgir.

Perturbações do sono, depressão, tendência a aumentar a dose, o orçamento abalado pelo alto custo da droga. A interrupção total e irrestrita da cocaína, devido a uma hospitalização de emergência e a um programa intenso de administração do estresse, surtiram bons resultados.

A conduta a se adotar para as drogas é similar a que é adotada para o consumo exagerado de qualquer produto que faça parte do dia-a-dia: procurar ajuda médica para que a abstinência ocorra sob as melhores condições possíveis.

RESUMO

Vida mais saudável

A má qualidade de vida e o estresse mantêm relações mútuas agravantes: de maneira geral, os meios utilizados para enfrentar melhor as situações estressantes proporcionam benefícios a curto prazo e custo elevado a médio e longo prazo – sobre a saúde e a eficiência pessoal.

Em caso de estresse intenso, são afetadas a alimentação, a atividade física, o sono, os vícios tóxicos lícitos ou ilícitos.

A nova conduta a se adotar, a fim de se substituir o ciclo vicioso, consiste em buscar mais qualidade de vida associada a uma melhor administração do estresse.

Observar a própria alimentação

Responda sinceramente:

1. Tenho excesso de peso e/ou problemas de colesterol, de triglicérides ou de diabetes?
2. Como distribuo minhas refeições?
3. Que tipos de alimento eu consumo em excesso?
4. Que modificações devo fazer em minha dieta alimentar?

Feita essa avaliação, é hora de aplicar um programa simples de equilíbrio alimentar, em função das próprias necessidades calóricas diárias. Caso não consiga modificar a própria alimentação no prazo de 15 dias, é preciso encarar a dependência alimentar e tratá-la com ajuda de um especialista.

Otimizar o sono

Quem se levanta em boa forma, com a mente clara e sem fadiga, é porque teve um sono bom, qualquer que tenha sido sua duração. Em todos os outros casos, significa que o sono não foi reparador e isso interfere na eficiência do dia.

Para saber se o próprio sono não é reparador o bastante, responda:

1. Sinto-me mal quando durmo?
2. Acordo freqüentemente à noite?
3. Tenho tendência a voluntariamente retardar a hora de dormir?
4. Sofro de perturbações no ritmo do sono?

Se adormecer é difícil e os despertares noturnos são freqüentes, é preciso:

1. Ficar na cama só para dormir.
2. Praticar exercícios de relaxamento imediato, observando o ritmo respiratório, de maneira que isso conduza à sonolência.
3. Não tentar se obrigar a dormir, repetindo para si mesmo "é preciso dormir", já que produz efeito contrário: deixa a pessoa mais acordada.
4. Não insistir se não conseguir relaxar. Levantar e executar alguma tarefa: passar roupa ou ler um longo artigo que possa induzir ao sono, por exemplo. Mas só voltar à cama para dormir.
5. Substituir os "rituais" preparadores do sono (uso de máscara para os olhos, tapa-ouvidos etc.) pelo relaxamento, por exercícios de meditação ou de concentração em imagens agradáveis.

Para avaliar se protelar a hora de deitar vale a pena, questionar-se:

1. Em que estado de fadiga estarei amanhã de manhã?
2. Quando durmo suficientemente, em que estado me encontro no dia seguinte, sob o ponto de vista físico e moral?
3. O que eu faço à noite é tão interessante assim?

(continua)

Otimizar o sono *(continuação)*

4. Os programas de televisão a que assisto me acrescentam alguma coisa?
5. Será que não fico diante da televisão só para retardar a hora de dormir e de chegar o dia seguinte? O que acontecerá, não importa o que eu faça?

Se há perturbações involuntárias no ritmo do sono, é preciso:

1. Tentar manter regularidade para compensar as variações nos ciclos de sono, isso quando elas forem episódicas. No caso de variações numerosas e freqüentes, é preciso estar ciente de que é muito mais difícil.
2. Deitar mais cedo mas manter a hora de se despertar, quando foi preciso passar a noite anterior sem dormir.
3. Em caso de *jet lag*, plantões ou serão no trabalho, manter seis dias com os mesmos horários, que é o tempo mínimo necessário para o organismo regular seu "relógio biológico". Em caso de trabalho regular fora dos períodos convencionais, como no caso de empregos noturnos, é recomendável conservar o mesmo ritmo, mesmo nos períodos de repouso.

Escolher uma atividade física

Se você acha que não pratica atividades físicas suficientes, é recomendável:

1. Identificar todos os trajetos que percorre, mesmo aqueles mais curtos, os quais poderiam ser percorridos a pé.
2. Evitar usar elevadores, escadas e esteiras rolantes.
3. Escolher uma atividade física agradável ou a mais agradável possível e procurar colocá-la em prática com alguém: ter companhia torna mais fácil segui-la à risca.
4. Colocar a nova atividade física em prática progressivamente, repetindo-a com freqüência.
5. Não insistir, caso a atividade escolhida se tornar desagradável: é melhor optar por outra, já que é comum as pessoas abandonarem o que são forçadas a fazer.
6. Permanecer atento ao prazer que as atividades proporcionam.

Se você tem dificuldade em fazer uma atividade programada, utilize o método TIC-TOC, apresentado anteriormente (*ver p. 104*), fazendo-se as seguintes perguntas:

1. Como me sinto após ter feito a atividade que escolhi fazer?
2. Como me sinto se não a fizer?
3. Que vantagens obtenho em praticá-la? E quais as desvantagens?

Avaliar o consumo e os efeitos do café

Consumo ao menos quatro xícaras por dia	2
Fico irritado	1
Fico facilmente ansioso	1
Durmo mal Tenho problemas digestivos e/ou palpitaçõe e/ou estremecimentos musculares	1
Tenho tendência a me precipitar ou a passar rapidamente de uma ação a outra	1
Total	

Resultado:
Soma superiores a 5 indicam que seu consumo de café proporciona inconvenientes, ou seja, as desvantagens estão prevalecendo sobre as vantagens desse hábito.

Avaliação de problemas com o álcool

Bebo todos os dias, independentemente da quantidade e do tipo de bebida alcoólica?	1
Tomo bebidas alcoólicas todo o final de semana?	1
Procuro nas bebidas alcoólicas um efeito calmante, antiestresse ou antidepressivo?	1
Quando não posso beber álcool por mais de um dia, sofro de irritabilidade, ansiedade, tristeza ou tenho tremores, mal-estar?	2
Total	

Resultado:
Soma igual ou superior a 2 indica problemas com o álcool. Soma superior ou igual a 4, indica dependência. De acordo com o resultado, um médico poderá prescrever exames complementares: a numeração de fórmula sangüínea (exame que mede a composição do sangue: número e taxa de glóbulos vermelhos, número de glóbulos brancos, quantidade de hemoglobina etc. Em caso de alcoolismo, a taxa de glóbulos vermelhos é com freqüência maior que a normal) e os gama GT (sigla de gama-glutamil-transférase, enzima cuja medida no sangue reflete o funcionamento hepático, mostrando-se freqüentemente elevada em caso de alcoolismo).
Quando o volume globular médio das hemácias, quer dizer, a taxa de glóbulos vermelhos, estiver elevada assim como as taxas de gama GT, existe uma grande probabilidade de haver risco de dependência.

Capítulo 9

ADOTAR UMA FILOSOFIA DE VIDA

Falar sobre filosofia de vida numa obra essencialmente prática voltada para a administração do estresse pode parecer contraditório, mas tem o seu sentido. Em todos os tempos, os filósofos se mostraram preocupados com o estresse. Platão, por exemplo, já na Antigüidade chegou a inventar um "despertador": era a clepsidra, um relógio d'água destinado a ajudá-lo a despertar e a organizar seus períodos de estudo e de trabalho.

Todos os animais são atingidos pelo estresse, que os estimula a buscar segurança: um hábitat acolhedor, um território com alimento suficiente, períodos de repouso para recuperarem as forças necessárias à sobrevivência. O que diferencia o homem do animal é sua capacidade filosófica, a busca de um ou mais sentidos para a vida.

Essa busca, indiretamente, também tem relação com a busca de segurança: tentar explicar a ordem do mundo e justificar o lugar da humanidade na Terra e no Universo não deixa de ser uma maneira de se reconfortar diante das dúvidas.

A filosofia e as ciências, fortemente ligadas na origem, interpondo-se à religião em vários momentos, desencadearam ao longo da história grandes questionamentos metafísicos: qual é a finalidade do ser? O que é o Bem e o que é o Mal? Qual o sentido do mundo e da vida?

Algumas dessas respostas deram origem aos chamados sistemas filosóficos e científicos, que vieram para dar uma direção à humanidade, tornando-se, de certo modo, um esforço para imaginar e predizer o futuro. Prever o futuro é uma maneira de assegurar a própria capacidade de ação sobre os acontecimentos, a fim de se tentar ter controle sobre ele. Por exemplo: a matemática permite a um engenheiro planejar a construção de uma máquina, explicando a maneira como ela deve funcionar.

Mas os filósofos e sábios não se contentaram com explicações. Freqüentemente, eles colocaram seus conceitos à prova, enfatizando o aspecto empírico e experimental. Desenvolveram, assim, métodos de autocontrole e de procura de equilíbrio e serenidade, muitos deles hoje conhecidos por relaxamento e Reestruturação Cognitiva.

Grande parte da vida dos filósofos, em todas as culturas, foi dedicada à prática desses métodos. Os estóicos, por exemplo, treinavam para manter a calma diante de quaisquer acontecimentos, como relatam os escritos de Epicteto, Marco Aurélio e Sêneca. Eles acreditavam que, na calma, tanto a reflexão quanto a busca pessoal podiam ser conquistadas confortável e solidamente.

Existem muitas maneiras de se levantar um questionamento filosófico. Neste livro, o objetivo dos questionamentos a serem levantados é essencialmente prático: o de melhor administrar o estresse.Agir em sintonia com os próprios valores aumenta a probabilidade de se ter serenidade e "tranqüilidade da alma", segundo Sêneca. Ir contra as próprias crenças, por outro lado, gera desconforto, o que permite que o estresse se instale. Duas questões são, portanto, essenciais na vida: perguntar-se sobre os próprios valores pessoais e analisar a própria conduta, a fim de avaliar se estão em sintonia.

Responder a essas questões nem sempre é fácil: normalmente é mais fácil saber o que não se quer do que aquilo que se quer de fato. Por outro lado, na correria do dia-a-dia, é provável que muitos acontecimentos não tenham obrigatoriamente a importância que as pessoas lhes atribuem. Quantas vezes uma pessoa se deixou tomar pela cólera em situações que seriam insignificantes se estivesse mais serena? Dois métodos são úteis para atingir a própria serenidade:

1. Estabelecer prioridades na vida.
2. Definir as próprias funções.

Estabelecer prioridades

É interessante começar com um balanço concreto, fazendo-se as seguintes perguntas:

- **Quais são os diferentes setores de minha vida?**
  O trabalho, a família em geral, meu cônjuge, as crianças, as atividades de lazer etc.
- **Que importância cada um desses setores ocupa em minha vida, numa escala de 0 a 100?** (0 = nenhuma importância, 100 = importância máxima).

Essa avaliação bastante pessoal deve ser sincera, portanto, é necessário reservar um tempo para fazê-la corretamente, estar sozinho, por exemplo, a fim de não ser influenciado por conselhos de outras pessoas ou pelo medo do julgamento alheio.

- **A que atividades, coisas e pessoas dou importância real?** Qual o grau dessa importância, numa escala de 0 a 100, por item mencionado?
- **Essas avaliações, de ordem objetivas e subjetivas, concordam ou são contraditórias?**

Uma vez que o trabalho de observação e de reflexão for bem conduzido, o passo seguinte é buscar harmonizar as próprias prioridades interiores (aquelas a que se dá importância) com os próprios comportamentos.

Se a divergência não for muito grande, é sempre possível acertar sozinho "os ponteiros".

Mas se for muito acentuada, será necessária e útil a ajuda de um psicoterapeuta. O exemplo de Carolina, a seguir, é um ótimo exemplo desse método:

CAROLINA: TUDO "QUASE" MUITO BEM

Carolina tem 38 anos e é diretora de uma empresa, trabalho que executa com eficiência. Na primeira vez que se consultou, ela sofria de estresse grave ligado à sobrecarga de trabalho e de responsabilidades profissionais.
Seu marido, Hugo, é ginecologista e também trabalha muito. Ambos se entendem: o casal tem dois filhos, com os quais não enfrenta dificuldades, apesar do ritmo de vida e do reduzido tempo em família que passam.
Um programa de administração do estresse logo foi colocado em prática.
Resultado: Carolina conseguiu ser ainda mais eficiente no trabalho e em família. Mas ainda restou um sentimento de insatisfação, encoberto pelas muitas atividades, mas incômodo o suficiente para que ela marcasse uma nova consulta: "eu não sei por que me sinto insatisfeita, tudo vai bem".

O quadro de prioridades subjetivas ("O que é importante para mim") dá o seguinte resultado:

Filhos	80%
Cônjuge	70%
Trabalho	80%
Pais	60%
Família em geral	40%
Atividades de lazer	20%

O quadro de prioridades objetivas ("A importância real que as coisas têm em minha vida") revela outro resultado:

Filhos	80%
Cônjuge	50%
Trabalho	90%
Pais	40%
Família em geral	20%
Atividades de lazer	20%

Constata-se, a partir dos dois resultados, que as avaliações de Carolina concordam em três pontos, mas não quanto ao cônjuge, aos pais e à família em geral. O trabalho também mereceu mais atenção, mais no plano objetivo do que no subjetivo. O "sentimento de insatisfação" que incomodava Carolina dizia respeito ao marido. Segundo ela, os outros pontos eram de importância secundária.

Elaborou-se, a seguir, um plano de como Carolina poderia se comprometer com o próprio desejo de "investir mais" no marido, programa que ela pôs em prática juntamente com ele. Depois disso, o sentimento de "insatisfação e de mal-estar" desapareceu.

O teste "Estabelecer prioridades na vida" (*ver p. 182*) é fundamental para ajudar a identificar o que se quer e o que realmente se está fazendo na vida, para que eventuais desacertos não desemboquem num grave quadro de estresse.

Definir obrigações

Cada um tem sua própria "agenda de tarefas" pessoais. São trabalhos a fazer, metas a cumprir e responsabilidades a assumir no nível familiar, profissional e social. Quando essas tarefas não estão bem definidas, as pendências começam a se acumular.

Com isso, gasta-se tempo demais tentando resolver algo e, quando a pessoa se dá conta, descobre-se atrasada em atividades importantes que ficaram de lado. É nessa hora, portanto, que o estresse se instala.

Organizar o próprio trabalho em função das obrigações estabelecidas diminuirá significativamente a sensação de sobrecarga e de pressa, que sempre conduzem ao estresse.

Cumprir obrigações

No trabalho, sempre é possível identificar as próprias obrigações profissionais – afinal, são elas que justificam o salário –, o que permite decidir melhor as prioridades. No plano pessoal, também é fundamental definir e se conscientizar das próprias obrigações pessoais (afetividade, prazer, motivação), que são necessárias à boa execução do trabalho.

Executar tarefas desinteressantes e que não contribuem como investimento pessoal exige um esforço muito maior do que as tarefas consideradas interessantes. Nesse sentido, vale ter uma obrigação profissional bem definida e em sintonia com as obrigações pessoais, embora, como sempre acontece, seja preciso se adaptar a contextos e tentar se ajustar da melhor maneira possível àquilo que realmente convém aos próprios objetivos.

O exemplo de um trabalho totalmente desinteressante, de comprometimento pessoal baixo, leva a duas possíveis soluções:

- trocar de profissão, dando a si mesmo os meios necessários para se mudar (fazer uma pesquisa de informações e de resolução de problemas, por exemplo);
- protelar a mudança porque ela não pode ser encarada.

Nesses casos, é preciso considerar o fato de que o emprego é só um meio de ganhar a vida, a fim de minimizar os aspectos negativos da situação. Compensá-la, de alguma maneira, seja na vida familiar ou pessoal, se torna indispensável.

É preciso se questionar se mais vale ter uma vida profissional vitoriosa à custa de privações na vida familiar, ou ter um emprego monótono mas desde que se possa compensá-lo com os prazeres da vida pessoal e familiar. Isso é certamente algo a se pensar.

Em caso de trabalhos interessantes que exigem alto comprometimento pessoal e grande disponibilidade, a escolha é bem diferente:

1. Se o emprego é considerado essencial e prioritário, não há, nesse caso, lugar para outras obrigações, como casamento, crianças ou trabalho voluntário. Aqui o trabalho é considerado indispensável, exige disponibilidade total. É um tipo de postura consciente que pode ser encontrada entre os profissionais de empresas, em especial os que ocupam cargos de direção, mas sobretudo entre aqueles que atendem a uma "vocação", como o fazem sacerdotes, médicos, missionários, assistentes sociais voluntários e tantos outros envolvidos com as missões de responsabilidade social.

No caso dessas opções, é importante estar certo da própria escolha, sobretudo se coincide com momentos-chaves da própria vida, como nascimento de filho, casamento, doença na família etc.

2. O emprego pode ser muito importante, mas outras obrigações também o são, daí ser fundamental encontrar um ponto de equilíbrio. Recorrer ao método das prioridades é útil para chegar lá.

A seguir, é preciso definir os próprios objetivos de maneira precisa, investindo mais naquilo que pode ser realizado do que o contrário:

"O que conta é o que faço e não o que eu poderia ter feito mas não fiz", diz a sabedoria popular.

Equilibrar obrigações profissionais e pessoais

Pensar constantemente naquilo que não se tem é a melhor receita para se tornar insatisfeito e infeliz. Mais importante é tomar consciência de que realmente não se pode ter ou fazer tudo: o que cada um faz será sempre uma simples gota num oceano de outras possibilidades.

Estar satisfeito com as próprias escolhas e decisões é, portanto, muito mais vantajoso: permite estabelecer objetivos na vida, definir obrigações e se inserir melhor num determinado contexto. Por exemplo: ao executar um determinado trabalho de que se gosta e para o qual a pessoa se programou (e pelo qual é bem paga), sua própria responsabilidade faz com que ela coloque o melhor de si mesma nisso, faz com que mobilize suas melhores competências. O prazer e a motivação são, portanto, parte das responsabilidades pessoais.

Em caso de decepção, é necessário fazer a triagem entre o que está ligado à obrigação profissional e o que está ligado à obrigação pessoal. No primeiro caso, as condutas a serem adotadas serão antes dirigidas à reorganização do próprio cargo no trabalho. No segundo caso, é indispensável fazer uma análise preliminar das razões pessoais ligadas ao mal-estar em questão. Nesse caso, é recomendável se fazer as seguintes perguntas:

1. Quais eram as minhas expectativas?
2. Em relação a quais pontos exatamente eu me decepcionei?
3. Minha emoção está ligada à minha maneira pessoal de ver as coisas ou ao contexto. Em que proporção?
4. Será que existe um mal-entendido entre a minha maneira de ver as coisas e a realidade?

Se a própria obrigação pessoal é assim colocada em questão, as mudanças terão provavelmente de ocorrer em dois níveis: no pessoal e no contextual.

Margarida: Decepção construtiva

No início de seu primeiro emprego como assistente social da prefeitura, **Margarida** era só motivação. Ela realmente se esforçava para ajudar as famílias necessitadas, em especial a de uma mãe solteira com quatro filhos pequenos, que não tinha trabalho nem onde morar. Um dia, muito contente, Margarida conseguiu liberar para ela o valor correspondente a um salário mínimo.

Duas horas mais tarde, porém, Margarida sofreu uma grande desilusão: encontrou aquela mãe num supermercado, com o carrinho cheio de garrafas de uísque. Ao perceber que a ajuda que ela conseguia da prefeitura para aquela família era regularmente desperdiçada, sentiu-se decepcionada, desencorajada e furiosa.

Ao fazer a análise de suas obrigações profissionais, acabou por encontrar um erro: o fato de não verificar a utilização que as famílias faziam do dinheiro recebido. E mais: revelou ainda grandes expectativas de reconhecimento de Margarida: ela desejava que a imagem que tinha de si mesma correspondesse à realidade – por isso agora se sentia envergonhada.

Esse primeiro baque da realidade fez com que ela tomasse consciência de que seria preciso modificar seu método de assistência, a começar por exigir o cumprimento das formalidades. Por outro lado, esse mesmo fato levou-a a refletir mais sobre suas obrigações, a fim de modificar as expectativas em relação ao julgamento dos outros. Agora, ela busca mais satisfação no próprio trabalho.

RESUMO

Prioridades e obrigações

A filosofia ensina as pessoas a se posicionarem diante dos próprios desejos, valores pessoais, ações e em relação ao mundo e às outras pessoas. Se existe uma grande defasagem entre aspirações e ações, o estresse se agrava e uma "reorganização" se faz necessária. Dois métodos a serem seguidos dão ótimos resultados nesse sentido:

1. Estabelecer prioridades na vida.
2. Definir obrigações.

Estabelecer prioridades na vida

1. Reserve um tempo para estabelecer as prioridades subjetivas de sua vida, atividade por setor de atividade. Em seguida, avalie-as numa escala de 0 a 100. Reflita muitas vezes sobre essa avaliação, questionando-se até ter certeza de tudo.
2. Avalie a importância efetiva dessas diferentes prioridades em sua vida, também dentro da escala de 0 a 100.
3. Existem concordâncias? E quais são as divergências? Essas divergências são determinantes para você? Especifique bem as divergências importantes: elas certamente têm ligação com um mal-estar pessoal.
4. Programe uma mudança, com o objetivo de fazer concordar as avaliações subjetivas e as avaliações objetivas. Essa mudança pode ser feita com a ajuda do método de resolução de problemas, apresentado anteriormente (*ver p. 109*).
5. Se o trabalho for muito difícil (uma das conseqüências das discordâncias), mas considerando a amplitude do problema e a dificuldade de mudar, é bem provável que você tenha de consultar um psicoterapeuta, para saber exatamente como agir e o que fazer.

Equilibrar obrigações

1. Defina quais são suas obrigações profissionais: qual é exatamente a sua "agenda de tarefas"?

Agora pense bem, com calma, e responda:

2. Que interesse tenho por meu trabalho? Quais são minhas obrigações pessoais?
3. Existe concordância entre meus dois tipos de obrigações – profissionais e pessoais? Avalie-a utilizando uma escala de 0 a 8, sendo 0 para uma correlação pior e 8 para uma correlação ideal.

Saber Administrar o Estresse
foi impresso em São Paulo/SP, pela Cromosete
para a Larousse do Brasil, em agosto de 2004.